Nils Perick
Küssen Sie keinen Tiger!

AF222500

Nils Perick

# Küssen Sie keinen Tiger!

## Heitere Lebenshilfe für den Alltag

**Bibliografische Information der Deutschen Nationalbibliothek**
Die Deutsche Nationalbibliothek verzeichnet diese Publikation
in der Deutschen Nationalbibliografie; detaillierte bibliografische
Daten sind im Internet über http://dnb.d-nb.de abrufbar.

© 2011 Nils Perick
Titel-Foto Tiger: Hagenbecks Tierpark, Hamburg
Fotos: Susanne Wolff, Hamburg
Herstellung und Verlag: Books on Demand GmbH, Norderstedt
ISBN  978-3-8448-7374-0

# Nils Perick

... wurde als „Peter Rickers" in Berlin-Charlottenburg geboren. Seine Kindheit verbrachte er in Hamburg und in Hinterpommern (Tempelburg – heute „Caplinek"). Wenige Monate vor Kriegsende landete er in Kiel, wo er aufwuchs und groß wurde (1,90 Meter). Nach längerer Tätigkeit als Kartograph und (Jazz-)Musiker zog es ihn – in dieser Zeit wurde auch „Nils Perick" geboren – zum Journalismus und nach Hamburg, wo er als Redakteur bei einer großen Tageszeitung arbeitete. Danach war er Mitbegründer und -inhaber einer Presse-Agentur und schließlich Anzeigenblattverleger. Bis heute arbeitet er als Autor, wurde vom Hamburger Senat für seine Tätigkeit im soziokulturellen Bereich mit einer Ehrenmedaille ausgezeichnet und besucht an den Wochenenden meist seine Familie in Mecklenburg.

Von Nils Perick wurde eine Vielzahl von Texten in über fünfzig Zeitungen, Zeitschriften und anderen Publikationen, sowie im Hörfunk veröffentlicht. Zur Zeit arbeitet er an mehreren Buchprojekten und freut sich auf eine Lesungsreihe „Das neue Lächeln aus dem Norden".

# Inhaltsverzeichnis

Meinem Vater Karl Rickers und
Susanne Materleitner-Rickers

# I. Kapitel: Manchmal wird Freizeit zum Problem!

## *Küssen Sie keinen Tiger!*

Es fing eigentlich mit der Ausstellungseröffnung einer nicht mehr ganz jungen, aber hoffnungsvollen Malerin an, die sich auf Katzen spezialisiert hatte. Sie malte diese Tiere in Acryl, und zwar nicht nur von vorn, als Porträt gewissermaßen, sondern auch von der Seite, und zwar – das war das Bemerkenswerte daran – von beiden Seiten, jeweils. Jedes Ding hat zwei Seiten, das wissen wir. Und dies gilt eben auch für Katzen. Nur von hinten gab es keine Abbildungen. Vermutlich, weil dabei der unergründliche Blick aus den Katzenaugen nicht nachdrücklich genug zum Tragen gekommen wäre. Es handelte sich also um eine sogenannte »Vernissage«, wie wir Hamburger sagen, seitdem napoleonische Truppen im Jahre 1806 Hamburg besetzten. Womit nachgewiesen ist, dass Napoleon auch im hohen Norden seine Spuren hinterlassen hat.

Nach den Ansprachen, die durch Musik von Händel in kleiner Besetzung verbunden waren, bildeten sich mehrere Gesprächsgruppen, und in einer dieser Gruppen dominierte ein Mann, der nach vorherrschender Meinung »richtig schön« aussah. Er entsprach voll dem gängigen Klischee: Gewellte schwarze, mit Grau durchzogene Haare bis in den Nacken, blitzende schwarze Augen, ein kräftiger Schnurrbart, eine edel geformte Nase und dazu hatte er eine tiefe, weittragende Stimme – ein richtiger Schönling also!

Gut, für sein Aussehen konnte er nichts. Aber ich

mag diese Art von Männern nicht. Sie sind sehr von sich selbst überzeugt und spielen sich immer in den Vordergrund. Wenn so einer schöner ist als ich, so kann ich das nicht ändern. Das muss dann eben so sein. Ich jedenfalls bin mit meinem Aussehen zufrieden. Und schließlich hat man ja auch noch andere Qualitäten.

Dieser Mann nun stand inmitten einer Runde meist älterer Damen überwiegend weiblichen Geschlechts, und ich hörte, wie er gerade sagte: »Also, eine Frau küssen ist für einen Mann seit Jahrtausenden überhaupt nichts besonderes mehr. Was unsereiner braucht, ist der besondere Kick. Küssen ja – aber es muss etwas ganz Ausgefallenes sein. Leoparden küsst man nicht – das wissen wir seit Katharine Hepburn und Cary Grant. Mein Ziel aber ist es, demnächst einen – Tiger zu küssen!«

»O nein!« dachte ich entsetzt, »O nein!« und wandte mich angewidert ab. Was gibt es doch für Menschen! Nur, um andere auf sich aufmerksam zu machen und sich selbst auf peinliche Weise herauszustellen, denken sie sich etwas extrem Geschmackloses aus und brüsten sich damit in der Öffentlichkeit.

Ich schüttelte mich innerlich ohne jedes Verständnis für dieses Verhalten und wandte mich einem der anderen kleinen Gesprächskreise zu.

Nach einer Stunde waren alle Anwesenden auseinander gegangen. Ich befand mich auf dem Nachhauseweg und dachte an jene Menschen, die auf der Suche nach etwas Außergewöhnlichem sind. Die es einfach brauchen, sich von den eintönigen Sachzwängen eines gnadenlosen Alltags einmal frei zu machen. Für die es lebensnotwendig ist, sich in einer geschlossenen Tonne die Niagarafälle hinunter zu stürzen. Die unbedingt ohne Spazierstock und sonstige Gehhilfen dreimal hintereinander den Gipfel des Nanga Parbat erklimmen müssen. Oder die ohne Atemgerät hundertfünfzig Meter in die Tiefe des Meeres hinuntertauchen in dem Gefühl, dass sie bei hundertzwanzig Meter schon tot sein könnten.

Irgendwie habe ich Verständnis für diese Menschen. Der Fortschritt ist zwar nicht mehr aufzuhalten, aber gleichzeitig presst die Zivilisation uns Menschen in ein von Sachzwängen geprägtes Alltagsschema, das auf Dauer unerträglich werden kann. Der Mensch hat plötzlich das hemmungslose Bedürfnis, aus diesem Alltag auszubrechen. Man hat das Gefühl: So kann es einfach nicht mehr weitergehen...

Nun ist der Nanga Parbat für mich zu weit entfernt. Man kommt dort ja nicht mal mit der U-Bahn hin. Und wenn, dann wäre es auch kein Vergnügen. Auch mit dem Extremtauchen habe ich nichts im Sinn, weil ich genau weiß, dass mein Organismus auf Ertrinken allergisch reagiert. Und selbst mit dem Fass die Niagarafälle hinab ist das so eine Sache. Zwar habe ich in den letzten Jahren mindestens zwei Kilo abgenommen. Aber dennoch: Wie komme ausgerechnet ich in ein geschlossenes Fass hinein?

Nein, es muss etwas ganz Ausgefallenes sein, etwas,

was auch für den normalen Menschen machbar ist. Es kann doch nicht angehen, dass immer nur eine elitäre Minderheit in den Genuss des Ausgefallenen kommt. Ich könnte mir zum Beispiel vorstellen, mal einen Tiger zu küssen. Gut, wir kennen es, dass ein Mann eine Frau küsst, manchmal auch umgekehrt, und wir wissen aus schmerzlicher Erfahrung, wie gefährlich das sein kann. Mancher hat das sein ganzes Leben lang bereut und fürchterlich darunter gelitten. Für viele ist das schon Abenteuer genug.

Aber wenn ich da an einen Tiger denke – wobei ich persönlich immer eine Tigerin bevorzugen würde: Also, so eine Tigerin mit ihren geschmeidigen, fast möchte ich sagen lasziven Bewegungen, mit dem lauernden Blick ihrer unergründlichen grüngelben Augen, gelangweilt fast, aber jede Sekunde bereit zuzuschlagen, so eine Tigerin küssen – meine Güte, schon bei dem Gedanken daran stockt mir der Atem, das wäre wirklich unbeschreiblich, es wäre das größte! Besser als jeder Nanga Parbat der Welt. Wobei ich – das muss ich hier einmal klarstellen – nie die Absicht hatte, den Nanga Parbat zu küssen.

Aber eine Tigerin! Das Problem ist natürlich, dass die meisten Menschen gerade keinen Tiger zur Hand haben. Ich kann ihnen daraus keinen Vorwurf machen. Ich habe ja auch keinen Tiger. Selbst in meinem Bekanntenkreis kenne ich niemanden, der einen Tiger hat, geschweige denn einen Tiger weiblichen Geschlechts. Es muss ja kein freilaufender Tiger sein. Aber in der ganzen Gegend habe ich noch nie einen Tiger gesehen. Hunde ja, in allen Ausführungen. Und auch Katzen sieht man immer wieder, Kanarienvögel, Wellensittiche, Goldfische oder Kaninchen – dies alles wäre kein Problem. Meines Wissens gibt es eine Hundesteuer, aber noch nie habe ich von einer Tigersteuer gehört. Könnte das ein Hinweis darauf sein, dass es sich nicht lohnt, Tiger zu besteuern? Befinden sich die Tiger in unserer menschlichen Gesellschaft in einer gefährdeten Minderheit?

Aber es hilft ja alles nichts – für mich persönlich wäre es völlig reizlos, einen Kanarienvogel zu küssen. Und auch einen Goldfisch zu küssen vermittelt mir nicht das Gefühl, das ich suche. Im Zirkus soll es gelegentlich noch Tiger geben. Aber seit Naturschützer sich zunehmend mit dem Argument eingeschaltet haben, die Tiger würden dort nicht artgerecht gehalten, sieht man immer weniger Tiger im Zirkus.

Stattdessen wächst die Zahl der Clowns, wobei niemand fragt, ob die Clowns artgerecht gehalten werden. Außerdem hätte es für mich einen sehr geringen Reiz, einen Clown zu küssen. Nein – es muss schon ein Tiger sein!

In diesem Augenblick – nur Sekunden, bevor sich in mir ein Gefühl der Ausweglosigkeit, der Ohnmacht, der Resignation und hilflosen Verzweiflung auszubreiten drohte – fiel mir ein, dass ich den Chef des hiesigen Tierparks sogar persönlich kenne und ihn im übrigen sehr schätze.

Natürlich – das konnte die Lösung sein! Der renommierte Tierparkdirektor, er würde mir mit Sicherheit helfen! Und im Gegensatz zum Nanga Parbat oder den Niagarafällen war er sogar mit der U-Bahn zu erreichen!

Doch jetzt galt es vorsichtig sein – Schritt für Schritt tun. Und den ersten möglichst vor dem zweiten. Auf jeden Fall hatte ich Gelegenheit, mir diese Tiere einmal in aller Ruhe anzusehen. Und ganz schnell kam es zur ersten vorbereitenden Begegnung: Es war ein Tigerehepaar mit zwei Jungen. Wobei ich mit »Ehepaar« nicht ganz sicher sein konnte. Vermutlich hatte es weder eine standesamtliche, noch gar eine kirchliche Trauung gegeben. Also lebten die beiden Tigereltern wohl in wilder Ehe. Den Tigermann hatte man abgesondert, sicherlich, um ihn vor dem Weibchen und den Kindern zu schützen. Ich sah ihn mir an, und ihn zu küssen hatte ich überhaupt keine Lust.

Das Weibchen hingegen – ich muss schon sagen: Es lag da scheinbar träge, aber welch eine verhaltene Anmut! Welche Körperbeherrschung und welche Geschmeidigkeit zeichnete sich in dem gelegentlichen Zucken des Felles ab! Und dann der Blick! Scheinbar ungerührt sah sie mit ihren grüngelben Augen aus tiefsten Tiefen von Jahrmillionen biologischer Entwicklung durch mich hindurch. Ich hätte ohne weiteres den Autorenanteil an zehn meiner Bücher dafür hingegeben um herauszufinden, was sich hinter diesem Blick verbarg. Und ich wäre gut dabei weggekommen. Diese

Kreatur küssen – es musste ein unvergessliches, möglicherweise sogar einmaliges Erlebnis sein!

Aber wie sollte ich an dieses Wesen herankommen? Eine Brüstung und ein breiter Wassergraben trennten mich von ihm. Und obwohl ich in frühen Jahren mein »Seepferdchen« gemacht hatte, schien mir der Wassergraben nicht sehr verlockend, zumal die Temperaturen doch ziemlich niedrig angesiedelt waren. Dann gab es an einer Seite zwar eine Stahltür, aber das Schloss darin schien für mich als Laien unüberwindlich zu sein.

So wählte ich zunächst den Weg über den mir persönlich bekannten Tierparkdirektor und schilderte ihm mein Problem. Er hörte sich unbewegten Gesichtes, aber aufmerksam und konzentriert mein Anliegen an. Seine ganze Haltung zeigte mir, dass er bereit war, mein Thema zur Chefsache zu machen und sich ernsthaft mit meinem Vorhaben auseinander zu setzen. Er ging in sich und dachte lange Zeit nach. »Ich möchte«, sagte er dann schließlich im Ton tiefster Anteilnahme, »dennoch davon abraten, einen Tiger zu küssen. Es ist nämlich so, dass diese Tiere unter Artenschutz stehen. Sie sind ohnehin vom Aussterben bedroht, und so könnte der Kuss eines Menschen verheerende Auswirkungen haben. Hinzu kommt, dass diese Tiere es nicht gewohnt sind, von Menschen geküsst zu werden. Der Schock könnte nachhaltige Folgen haben, und wir sind überhaupt nicht auf eine tigertherapeutische Behandlung eingestellt. Bei Menschen ist das an der Tagesordnung, aber für Tiger gibt es zur Zeit noch kein Programm.

Und dann muss man die andere Seite sehen: Der Tiger könnte ein solches Vorgehen als ein Eindringen in seine Intimsphäre auffassen, was es ja im Grunde auch wäre. Die Folge könnte eine spontane Abwehrbewegung sein, die für einen Menschen auch Ihrer Statur durchaus tödlich sein könnte. Gut – Sie sind Journalist und Autor, und davon gibt es in Deutschland mit Sicherheit erheblich mehr als beispielsweise Tiger. Aber grundsätzlich, meine ich, sollte man dieses Problem nicht unter quantitativen Gesichtspunkten sehen. Auch Autoren, selbst Journalisten sind Menschen, und trotz der Übervölkerung der Erde sollte man davon ausgehen, dass es um jeden Menschen, zumal, wenn er aus Hamburg kommt, schade ist!«

Diese Sorge um meine Person durch den Tierparkchef rührte mich zutiefst. Ich weiß nicht, wie es früher war, aber heutzutage sind es Journalisten und Autoren nur selten gewohnt, dass man sie respektiert und dass man sich auch noch Sorgen um sie macht. Das sollte man anerkennen!

Ich fing an, mich zunächst zögerlich, doch dann immer konsequenter von meinem eigentlichen Anliegen zu entfernen. Das Ergebnis war folgendes: Ich rate Ihnen – und dies ist gleichzeitig ein Akt der positiven Lebenshilfe – ganz dringend

Bitte küssen Sie keinen Tiger!

Machen Sie sich von der Vorstellung frei, dass es unbedingt ein Tiger sein muss! Milliarden von Menschen

leben vielleicht sogar besser, ohne jemals einen Tiger geküsst zu haben!

Wenn Sie unbedingt küssen müssen, dann küssen Sie
– soweit Sie Manns genug sind – eine Frau!

Das ist gefährlich genug!

## Kampf um den Kellner

Bei anderen Menschen läuft das ganz normal: Sie gehen
in ein Restaurant, sofort ist der Kellner da, überreicht
die Speisekarte, zieht sich diskret zurück, taucht wieder
auf und nimmt die Bestellung entgegen. Bei mir läuft
das anders. Ich glaube, irgendetwas mache ich falsch.
Urteilen Sie selbst:

Ganz vorsichtig und leise schleiche ich die Treppen
zum Restaurant hinauf, um die Kellner nicht merken
zu lassen, dass sich ein Gast nähert. Aber es ist bereits zu
spät. Man hat mich gesehen. Drinnen erschallen hastige
Schritte. Mehrere Menschen entfernen sich fluchtartig.
Türen knallen, Stühle poltern. Die Schritte verklingen.

Als ich das Lokal betrete, ist es leer. Die Kellner sind
verschwunden.

Nur weiter hinten in einer Ecke liegt neben zwei um-
gestürzten Stühlen eine Tischdecke auf dem Fußboden
und zappelt heftig. Schließlich steht die Tischdecke auf,
und ein verärgerter Kellner kriecht hervor.

Er ist wohl noch neu im Beruf, hat mich zwar rechtzeitig gesehen, sich dann aber auf der Flucht vor mir

an einem Schirmständer verfangen, war über die Stühle gestolpert, zu Boden gestürzt und hatte im Fallen die Tischdecke mitgerissen.

Erfreut, aber keineswegs aufdringlich setze ich mich in geziemender Entfernung an einen Tisch und warte geduldig.

Der Kellner wischt indigniert einige Staubkörnchen von seiner Jacke und starrt dann gedankenverloren an die Decke.

Als er versehentlich in meine Richtung blickt, riskiere ich ein zaghaftes kleines Winken.

Sinnend starrt der Kellner durch mich hindurch zur gegenüberliegenden Wand, an der ein dekorativ verschnörkelter Spruch hängt: »Wer nicht arbeitet, soll wenigstens essen.«

Nun erdreiste ich mich, kräftig und weit ausholend zu winken.

Der Kellner analysiert mittlerweile das Tapetenmuster an der danebenliegenden Wand.

»Hallo!« rufe ich kühn.

Daraufhin beginnt der Kellner die Risse an der Decke zu zählen.

Leise stehe ich auf und schleiche mich von hinten an ihn heran. Doch er verfügt über ein ungewöhnlich feines Gespür.

Kurz bevor ich ihn erreicht habe, schlägt er wie ein Feldhase einen blitzschnellen Haken nach rechts und verschwindet in der nächstgelegenen Tür.

Leider ist es die Damentoilette.

Ich habe mich gerade wieder an meinen Tisch gesetzt, da kommt der Kellner herausgeschossen. Mit einer Geschwindigkeit, wie man sie außer bei der Post nur noch in diesem Berufszweig antrifft, rast er an mir vorbei. Mit Mühe und Not gelingt es mir, ihm im allerletzten Moment ein Bein zu stellen. Er schlägt einen Purzelbaum und liegt auf dem Boden.

Das ist meine große Chance.

Besorgt eile ich zu ihm hin, helfe ihm auf die Beine und frage bekümmert, ob ihm etwas zugestoßen sei.

Da endlich sagt er: »Was wollen Sie eigentlich?«

Es ist geschafft! Die Brücke von Mensch zu Mensch ist geschlagen. Es ist mir gelungen, den Kellner zu stellen und ihn sogar zum Sprechen zu bewegen.

»Einmal Mittagessen, wenn's recht ist!« sage ich freudig bewegt.

»Bedaure!« sagt der Kellner. »An Ihrem Tisch bedient leider mein Kollege!«

»Wo ist denn Ihr Kollege?« frage ich.

»Im Urlaub!« sagt der Kellner. »Wenn Sie in vier Wochen mal wieder reinschauen wollen!«

Mir wird klar, dass nur noch blitzschnelles Handeln die Situation retten kann.

Ich lasse den Kellner stehen, stürze zur Hintertür hinaus und lande in einem Treppenflur. Eine halbe Treppe tiefer steht ein Kleiderschrank an der Wand. Instinktiv eile ich die Treppe hinunter und reiße die Schranktür auf. Ein Kellner steht drin und blickt ganz verstört.

»Pech gehabt, lieber Freund!« sage ich streng. »Würden Sie mich jetzt bitte bedienen?«

»Wenn es unbedingt sein muss!« brummt der Kellner und trottet missmutig hinter mir her ins Restaurant zurück.

Ich setze mich und gebe meine Bestellung auf.

»Einmal Mittagessen, bitte!«

»Tut mir leid!« sagt der Kellner bedauernd. »Um diese Zeit gibt es noch kein Mittagessen!«

»Dann geben sie mir ein Frühstück!«

»Für Frühstück ist es leider zu spät!«

»Ein Bier bitte!«

»Bier führen wir nicht!«

»Einmal Kaffee!«

»Ist gerade ausgegangen!«

»Was haben Sie dann?«

»Hmm – Mineralwasser. Ohne Geschmack!«

»Bitte!« sage ich und lehne mich erschöpft zurück. Der Kellner verschwindet.

Als er Stunden später immer noch nicht wieder aufgetaucht ist, beschwere ich mich beim Geschäftsführer.

»Kein Wunder!« sagt der. »Seit einer Stunde haben wir bereits geschlossen!«

## Nach einer durchzechten Nacht

»Hier Perick!« stöhnte ich ins Telefon und drückte mit der Hand gegen meine schmerzende Stirn. »Seid ihr verrückt geworden! Ihr könnt mich doch nicht mitten in der Nacht aus dem Bett holen!«

»Mitten in der Nacht?« fragte eine mir unbekannte weibliche Stimme. »Es ist jetzt vier Uhr nachmittags!«

»Daher die Helligkeit!« flüsterte ich und schloss geblendet die Augen. »Als ich heute nach Hause kam, hatte ich andauernd den Eindruck, heute sei Dienstag. Stimmt das?«

»Heute ist Freitag!« sagte die weibliche Stimme. »Sag mal – was hast du denn eigentlich die letzte Nacht getrieben?«

»Wieso getrieben?« fragte ich misstrauisch. »Ich habe überhaupt nichts getrieben. Ich bin lediglich andauernd U-Bahn gefahren. Es war sehr nett. Alle Leute waren unausgeschlafen und hatten schlechte Laune, weil sie zur Arbeit mussten. Nur ich war fröhlich und guter Dinge. Als ich dann endlich ausstieg, standen unten an der Sperre zwei Herren, die mich nicht durchlassen wollten!«

»Wieso wollten sie dich nicht durchlassen! Hattest du etwa keine Fahrkarte?«

»Aber natürlich!« ächzte ich. »Eine ganze Menge sogar. Beide Manteltaschen voll. Wie immer. Aber diese beiden Herren waren widerliche Querulanten. An sämtlichen Fahrkarten hatten sie etwas auszusetzen. Mal passte ihnen die Richtung, mal das Datum nicht, oder ihnen sagte gar der Preis nicht zu. Es ist deprimierend, wenn Menschen so pedantisch sind. Schließlich gaben sie sich mit zehn Euro zufrieden und ließen mich endlich durch. Ein Wunder, dass sie an dem Druck des Euroscheins nichts auszusetzen hatten!«

»Du warst also völlig betrunken!« stellte die weibliche Stimme in einem für mich sehr verletzenden Ton fest.

»Erlauben Sie mal!« empörte ich mich und versuchte gleichzeitig, meinen Kopf mit beiden Händen am Auseinanderplatzen zu hindern. »Ich bin stocknüchtern! Ich bin nur krank! Ich habe fürchterliche Kopfschmerzen, mir bricht andauernd der kalte Schweiß aus, meine Knie sind wie Pudding, ich bin grün im Gesicht und mir ist entsetzlich übel! Das ist alles! Ich bin arbeitsunfähig! Ich muss ruhen!«

»Hast du denn schon gefrühstückt?«

»Ja«, sagte ich. »Einen Zwieback, zwei saure Heringe und fünf Spalttabletten!«

»Du bist also die ganze Nacht U-Bahn gefahren!« forschte die weibliche Stimme weiter.

»Na ja...« sagte ich zögernd. Ich kam mir vor wie im Kreuzverhör. Es gibt doch immer wieder Frauen, die glauben, sie könnten sich benehmen, als seien sie mit einem verheiratet. »Na ja –» sagte ich, »natürlich nicht nur. Aber hauptsächlich. Es gibt im Grunde nichts Schöneres, als mit der U-Bahn zu fahren. Man braucht kein Gas zu geben und nicht zu lenken, man braucht keine Vorfahrt zu beachten, man kann schlafen und kommt trotzdem vorwärts. Falls man nicht mit dem Rücken in Fahrtrichtung fährt. Dann kommt man natürlich rückwärts!«

»Und wo ist dein Auto?«

»Was für ein Auto?«

»Dein einziges!«

»Ich weiß von keinem Auto. Wenn ich ein Auto hätte, hätte ich nicht U-Bahn zu fahren brauchen. Die Autoschlüssel hat mir übrigens irgendeine Barmaid abgenommen. Sie war reizend um mich besorgt...«

»Aha! In Kneipen habt ihr euch also herumgetrieben!« unterbrach mich die weibliche Stimme.

»Aber keineswegs! Hören Sie doch mit dem Unfug auf!« stöhnte ich in den Hörer. »Ich habe in jeder Kneipe höchstens ein Bier getrunken! Schlimm war nur, als wir in der Herbertstraße verzweifelt nach einem Taxi suchten...«

»Ihr wart in der Herbertstraße?« fragte die weibliche Stimme fassungslos.

»Das ist eine Ladenstraße auf St. Pauli!« klärte ich die Dame geduldig auf. »Wir wollten ursprünglich nur eine Tafel Schokolade kaufen. Aber die Schaufenster waren voll von Kleiderpuppen. Einige bewegten sich sogar, und außerdem muss gerade Sommerschlussverkauf gewesen sein. Die meisten Kleider waren schon verkauft. In der ganzen Straße war kein einziges Taxi zu sehen. Als wir auf der anderen Seite wieder herauskamen, war Jimmy plötzlich verschwunden. Wir sind natürlich sofort umgekehrt und haben systematisch die ganze Straße durchsucht. Wir ließen keinen Keller, keinen Mülleimer, keinen Hinterhof und kein Schaufenster aus. Aber Jimmy blieb verschwunden...«

»Nun langt es mir aber!« sagte die weibliche Stimme am anderen Ende der Leitung gereizt. »Ich komme sofort und...«

»Nein!« schrie ich entsetzt auf. »Bitte nicht! Keine Frauen! Nie wieder Alkohol! Keine einzige Zigarette in Zukunft! Ich will nur noch ein guter Mensch sein! Ich gehe jeden Abend um acht Uhr ins Bett und stehe jeden Morgen um sieben wieder auf! Ich trinke nur noch Milch, reines Quellwasser und Apfelsaft! Jeden Morgen mache ich zwei Kniebeugen, und einmal am Tag werde ich einem alten Mütterchen über die Straße helfen – ob es will oder nicht...«

»Aber erlaube mal!« sagte die weibliche Stimme. »Du wirst doch deiner eigenen Frau nicht das Haus verbieten wollen!«

»Wollen Sie damit sagen, dass ich verheiratet bin?« schrie ich erregt in den Hörer.

»Seit nunmehr sieben Jahren, mein Lieber!« sagte die weibliche Stimme kühl.


## Am Anfang war die Unordnung

Es gibt Leute, die meinen, sie könnten aus Unordnung Ordnung machen. Es gibt Angeber, die behaupten, sie könnten die Unordnung durch Aufräumen wirksam bekämpfen. Ich halte mich für prädestiniert, diese Auffassung anzuzweifeln. Die Leute irren. Unordnung lässt sich nicht in Ordnung verwandeln.

Gewiss – man kann mit der Unordnung alles Mögliche anstellen. Man kann sie zusammenpacken, wieder auseinanderreißen und dann verteilen. Man kann System hineinbringen, drauftreten und auf sie schimpfen. Man kann sie stapeln, bespucken und kleine Häufchen daraus machen. Man kann sie verstecken und kann sie sogar ordnen. Dann hat man eine geordnete Unordnung. Aber immer bleibt es Unordnung. Unordnung ist der Urzustand, während Ordnung etwas Erzwungenes und Willkürliches ist. Am Anfang – lange bevor der Herrgott Himmel und Erde, also Ordnung, schuf – war das Chaos, die Unordnung. Unordnung ist ein Element dieser Welt, gleich Feuer, Wasser, Luft und Erde. Und die Ordnung ist allenfalls ein Aspekt der Unordnung.

Unordnung ist Schicksal, Alpdruck, ständige Bedrohung. Ich brauche da nur – der Leser verzeihe den jähen Sturz aus gedanklichen Höhen in die Tiefen des Alltags - an die Tische in unserer Wohnung zu denken. Wir haben einen Arbeitstisch, zwei Wohnzimmertische und einen Küchentisch. An dem Arbeitstisch habe ich zunächst – es ist schon lange her – gearbeitet. Bis der Berg von leeren und beschriebenen Zetteln, geöffneten und ungeöffneten Briefen, Rechnungen, Mahnungen, nichtgelesenen Büchern und unfertigen Manuskripten derart groß geworden war, dass sich auch der kleine, bis dahin noch freigebliebene Platz vorn auf der Tischplatte für immer schloss.

Damit war mir die letzte Möglichkeit geraubt, an diesem Tisch weiterzuarbeiten. Die Unordnung aber wuchs – mangels weiterer Fläche – nach oben in den Raum hinein, und ich setzte mich an einen der beiden Wohnzimmertische, die mich schon vorher fasziniert hatten, weil sie aufgeräumt waren. Im Lauf der Zeit füllte sich jedoch dieser und schließlich auch der zweite Wohnzimmertisch derart mit Zetteln, Briefen, Rechnungen, Mahnungen, Büchern und Manuskripten, dass ich mit bestem Willen an beiden Tischen nicht mehr arbeiten konnte. Ich setzte mich also an den Küchentisch.

Diese Lösung blieb von vornherein unbefriedigend. Der Flug meiner Gedanken wurde durch Bratengerüche und Topfgeklapper beeinträchtigt, das Papier durch Fettflecke, mein Blick durch Zwiebeldünste getrübt. Ich selbst wurde mit Fleischsoßen, geschlagenem Eiweiß und ähnlichen Dingen bespritzt, die ich viel lieber erst während der Mahlzeit zu mir genommen hätte. Danach musste ich Konservendosen öffnen, den Mülleimer hinuntertragen, Geschirr abtrocknen, Kartoffeln schälen. Und wenn ich dann gerade mit der Arbeit beginnen wollte, musste ich den Tisch räumen. Auf diese Weise wurde mir verhältnismäßig schnell klar, dass Unordnung stets mit Ärger verbunden ist.

Ich beschloss daher aufzuräumen, wählte einen der Wohnzimmertische aus und trug die Unordnung sorgsam von oben ab. Gleichzeitig sortierte ich. Stunden später war der Tisch immer noch nicht frei. Zusätzlich aber waren Fensterbänke, Fernseher, Sofa, Stühle und Fußboden mit kleinen, sorgsam geordneten Papierhäufchen übersät. Das sah noch keineswegs nach Ordnung aus, und ich packte daher kurzentschlossen die gesamte Unordnung auf dem Tisch zusammen und legte sie behutsam auf den Fußboden.

Nun war der Tisch frei. Mit sanfter Gewalt hatte ich Ordnung geschaffen. Nackt und bloß, geradezu unwirklich, stand der Tisch da – ein Fremdkörper im Zimmer. Der Rest des Zimmers dagegen wirkte sehr vertraut und war mit Zetteln, Briefen, Rechnungen, Mahnungen, Büchern und Manuskripten übersät. Nun begann ich in aller Ruhe – auf dem Tisch herrschte ja Ordnung – gegen die Unordnung im Zimmer vorzugehen. Nach wenigen Stunden war das Zimmer frei und aufgeräumt. Nun allerdings war der Tisch wieder mit kleinen, sorgfältig geordneten Papierhäufchen bedeckt.

Da packte mich die Verzweiflung. Ich holte einen großen Pappkarton und stopfte die gesamte Unordnung mit roher Gewalt hinein. Und da der mit Unordnung gefüllte Pappkarton im Zimmer so sehr unordentlich wirkte, stellte ich ihn schließlich auf den Dachboden.

Nun, liebe Leserin, lieber Leser, brüte ich schon seit Wochen darüber nach (während der Tisch sich mit Zetteln, Rechnungen, Mahnungen, Büchern und Manuskripten füllt), ob ich denn wirklich Ordnung geschaffen habe. Die Unordnung ist schließlich noch da. Sie hat sich nur verlagert. Sie liegt im Pappkarton auf dem Dachboden. Kann man denn da von Ordnung reden?

## Der Protest-Kamm

Andere Leute gehen auf die Straße, wenn sie unzufrieden sind.

Sie veranstalten Sitzstreiks, werfen mit Farbtüten und Steinen, tragen Protestschilder vor sich her, lassen sich die Haare lang wachsen oder ganz kurz scheren, schimpfen auf die menschliche, insbesondere auf die unsrige Gesellschaft und provozieren die Polizisten. Sie singen Lieder, die dagegen sind, kleiden sich entsprechend, organisieren aufrüttelnde Sprechchöre, mit denen die Grundlagen der bürgerlichen Existenz in Frage gestellt werden und verachten den braven oder auch weniger braven Spießbürger.

Auch ich bin keineswegs immer mit dem Geschehen um mich her einverstanden. Es gibt da so manches, was mir überhaupt nicht zusagt.

Nehmen wir nur meinen Chef. Wie der sich benimmt, das ist einfach ein Skandal. Und dann ist da die Sache mit den Mülleimern. Mindestens achtmal habe ich dem Hausmeister schon gesagt, dass wir eine zusätzliche Mülltonne brauchen. Aber nichts geschieht.

Auch mit den Parkplätzen könnte manches besser sein. Bisher konnte man in der Nähe der Arbeitsstelle wenigstens noch an den Parkuhren parken. Man musste nur jede Stunde hinuntergehen und das Parkgeld nachstecken, obwohl das, im Grunde genommen, nicht erlaubt ist. Inzwischen aber findet man nicht einmal mehr bei den Parkuhren einen freien Platz.

Nun könnte man mit der U-Bahn fahren, aber ausgerechnet die U-Bahn ist, auf den kürzeren Strecken jedenfalls, erheblich teurer geworden. Wer kann sich denn das noch leisten?

Sehen Sie – das geht mir gegen den Strich. Das missfällt mir ganz entschieden!

Ich wollte anhand dieser Beispiele nur zeigen: Ich bin keineswegs ein Mensch, der alles schluckt, was man ihm auftischt. Auch ich bin gegen vieles. Ich setze mich mit meiner Umwelt durchaus kritisch auseinander und bin jederzeit gern bereit, sehr heftig zu protestieren.

Obwohl ich mich also in einer eindeutigen Protestsituation befinde, entspricht es nicht meinem Wesen, mit Steinen zu werfen oder Protestsongs zu singen. Erstens verabscheue ich jede Art von Gewalt. Und zweitens bin ich auch noch unmusikalisch.

Überhaupt bin ich meinem ganzen Wesen nach eher schüchtern, zurückhaltend und harmoniebedürftig. Es liegt mir nicht, auf die Straße zu gehen und dort lauthals zu protestieren.

Aber ich habe zu Hause einen Kamm liegen. Eigentlich sieht er genauso aus wie ein richtiger Kamm. Er ist schwarz und hat eine Zinke neben der anderen. Doch nun kommt das Überraschende: Dieser Kamm ist etwa zehnmal so groß wie ein gewöhnlicher Kamm. Er ist sozusagen ein Riesenkamm, ein Überbleibsel von Silvester, ein Scherzartikel ursprünglich. So einen Kamm hat kein Mensch mehr. Schon deshalb nicht, weil man ihn nicht gebrauchen kann. Aber bei mir – an der Garderobe gleich rechts, wenn man hereinkommt – liegt nun dieser Kamm. Ganz öffentlich.

Die Leute, die mich besuchen, stehen vor der Garderobe, sehen den Kamm und schütteln ratlos den Kopf: »Was soll denn das?« fragen sie sich. »Ein so großer und alles in allem doch erwachsener Mensch, und dann dieser kindische Unfug!«

Ich stehe unterdessen im Flur und freue mich diebisch, wie diese Leute mit meinem Kamm einfach nichts anzufangen wissen. Er passt nicht in ihre Richtung, er sprengt die Grenzen ihrer Erwachsenenwelt, er zerstört ihr Konzept. Unsicher stehen sie davor, peinlich berührt und schockiert zugleich. Sie sind aufgerüttelt und wissen nicht mehr, wie sie sich verhalten sollen.

Denn mit diesem Kamm habe ich mich außerhalb unserer bürgerlichen Gesellschaftsordnung gestellt. Ich habe mich von ihr gewissermaßen distanziert. Ich habe der Gesellschaft gezeigt: Mich kann man nicht so einfach in eine Schablone pressen!

Das alles bewirkt mein Kamm. Er erspart mir zu lange oder zu kurze Haare und zeitraubende Sitzstreiks, während derer man doch schon wieder in Ruhe fernsehen könnte. Ich brauche nicht zu singen und mich nicht von Polizisten abschleppen zu lassen. Ich brauche keine schweren Protestschilder zu tragen und kann mich jeden Tag waschen, ohne unangenehm aufzufallen. Der Kamm ist meine private Farbtüte, die ich gegen die menschliche Gesellschaft schleudere.

Symbolisch gesehen natürlich!

## Die verflixte Straßensperre

»Verflixt!« sagte der Betrunkene und rieb sich erstaunt die Stirn. »Die haben hier tatsächlich die Straße gesperrt!«

Vorwurfsvoll blickte er auf den Baum, der unmittelbar vor ihm am Rande des Bürgersteigs stand. Dann ging er einige Schritte zurück und versuchte es noch einmal.

Diesmal gab es einen dumpfen, trockenen Laut, während er am Boden landete. Der Betrunkene griff sich stöhnend an den Kopf.

»Junge, Junge!« sagte er sichtlich beeindruckt. »Das geht einfach zu weit. Die müssen mich hier doch wenigstens vorbeilassen!«

Dann wurde er richtiggehend missgestimmt.

»Verflucht!« brüllte er in die schweigende Nacht hinein. »Das wird ja immer schlimmer! Das ist Freiheitsberaubung! Das ist eine Einschränkung meiner persönlichen Freiheit! Ich kann gehen, wohin ich will!«

In diesem Augenblick schaltete ich mich ein.

»Guten Abend!« sagte ich höflich. »Ich will mich natürlich nicht in Ihre privaten Angelegenheiten einmischen, aber versuchen Sie doch einfach am Baum vorbeizugehen!«

»Das kommt überhaupt nicht in Frage!« schrie der Betrunkene erregt. »Ich bin ein freier Mensch! Wir leben in einer Demokratie! Niemand darf mir den Weg versperren. Ich kann machen, was ich will! Niemand kann mich zwingen, am Baum vorbeizugehen!«

»Natürlich nicht«, sagte ich mit beschwichtigender Stimme. »Natürlich können Sie so oft gegen den Baum rennen, wie Sie gern möchten. Den Baum stört es nicht weiter, und schließlich ist es Ihr eigener Kopf!«

»Jawohl!« sagte der Betrunkene. »Es ist mein eigener Kopf! Und es bleibt auch mein eigener Kopf! Mein Kopf gehört mir! Ich habe ein Anrecht auf meinen eigenen Kopf. Und ich habe ein Anrecht darauf, dass man mich hier vorbeilässt! Ich zahle jeden Monat pünktlich meine Steuern! Die leben von meinem Geld! Und dann lassen sie mich nicht mal durch! Ich will durch!«

»Aber der Bürgersteig ist doch breit genug!« wandte ich vorsichtig ein.

»Hören Sie bloß damit auf!« fuhr der Betrunkene mich erbost an. »Das können Sie mir doch nicht erzählen! Sie wollen mich wohl für dumm verkaufen, wie ? Sie sind wohl auch so einer!«

Ich betonte hastig, dass ich keineswegs so einer sei.

»Na schön!« sagte der Betrunkene einigermaßen besänftigt. »Wenn der Bürgersteig wirklich breit genug ist, warum renne ich denn immer gegen diesen blöden Baum? Ich renne gegen diesen Baum, weil der Bürgersteig nicht breit genug ist! Und warum ist der Bürgersteig nicht breit genug? Weil man mir den Weg versperrt hat. Man will, dass ich nicht rechtzeitig nach Hause komme und dann wieder Krach mit meiner Frau kriege. Das ist vorsätzliche Zersetzung meines Familienlebens! Das ist ein Eingriff in meine Intimsphäre! Das verstößt gegen das Grundgesetz! Das ist...«

Abrupt wandte er sich um, ging einige Schritte zurück, nahm einen Anlauf und preschte erneut gegen den Baum vor. Ächzend rutschte er den Baumstamm herunter und fand sich schließlich am Boden wieder.

»Sehen Sie«, sagte er selbstzufrieden, »da haben wir es! Der Baum ist immer noch da!«

»Natürlich!« sagte ich. »Der steht schon den ganzen Abend hier!«

»Woher wissen Sie das?« fragte der Betrunkene misstrauisch. »Sie wohnen wohl hier?«

»Nein!« sagte ich. »Aber bei uns zu Hause haben wir auch so einen Baum! Übrigens – warum gehen Sie nicht einen Schritt auf die Straße und dann am Baum vorbei?«

»Aber erlauben Sie mal!« sagte der Betrunkene empört. »Ich bin doch kein Auto!«

»Das stimmt!« pflichtete ich ihm bei. »Aber Sprit verbrauchen Sie beide!«

»Das ist ein ganz gewaltiger Unterschied!« ereiferte sich nun der Betrunkene. »Ein Auto kommt nämlich viel billiger im Verbrauch! Und außerdem ist es nicht dasselbe, ob man ein Auto voll tankt oder mich!«

Er griff mit einer routinierten Bewegung in seine

Jackentasche, holte eine kleine Schnapsflasche hervor und schaute sie nachdenklich an.

»Sie glauben sicherlich, dass ich betrunken bin?« fragte er mich dann unvermittelt.

»Ja!« sagte ich.

»Stimmt!« sagte der Betrunkene. »Bin ich auch!« Er entkorkte die Flasche und trank sie in einem Zug leer.

Dann richtete er seinen Blick auf den Baum, und plötzlich schienen ihm die Augen vor Staunen aus dem Kopf zu fallen.

»Mensch!« lallte er mit heiserer Stimme. »Das mache ich nicht mehr länger mit! Jetzt haben die mir doch tatsächlich zwei Bäume in den Weg gestellt!«

## Schachmatt

Wie man mir glaubwürdig versicherte, gibt es für einen wirklichen Schachfreund nichts Nervenaufreibenderes als einen Menschen, der kein Schachfreund ist.

Ich kann jedoch ebenso glaubwürdig versichern, dass es andererseits für einen Menschen, der kein Schachfreund ist, nichts Nervenaufreibenderes als einen Schachfreund gibt.

Nehmen wir unsere Familie.

Wie wohltuend und anregend, wie beruhigend und gesellig zugleich sind doch jene Sonntage, da man im trauten Familienkreise beieinander sitzt, fröhlich plaudernd bei einer Tasse Kaffee oder gar einem Glas Wein

beglückt das Beisammensein genießt und sich im Scho-
ße der Verwandtschaft ganz dem Gefühl des Geborgen-
seins hingibt.

Nicht so bei uns.

Es klingelt. Ich öffne die Tür. Herein stürmt Schwager Martin.

»Guten Tag!« sage ich freundlich. »Wo hast du denn
deine Frau gelassen ?«

»Schach, Schach!« grüßt mein Schwager zerstreut zurück. »Was für eine Frau? Wo ist Vater?«

»Im Zimmer! Er begießt gerade die Blumen! Aber was
fehlt dir denn? Ist euer Haus abgebrannt? Ist deiner Frau
etwas zugestoßen? Bist du überfahren worden?«

»Nein!« sagt mein Schwager, ganz aufgelöst und heftig atmend. »Viel schlimmer! Die Schachaufgabe in der
Zeitung stimmt nicht! In drei Zügen schafft man es
nie!«

Wir treten ins Zimmer.

Ich kann beschwören: Als ich das Zimmer verließ,
begoss mein Vater gerade Blumen und verfolgte vom
Fenster aus verträumt die bizarr zerfließenden Konturen
einer finsteren Wolke am regenschweren Himmel.

Kaum einen Moment ohne Aufsicht, hatte er in Sekundenschnelle das Schachspiel aufgebaut, um den schwarzen König hurtig mit dem weißen Springer in genau
siebenundzwanzig Zügen auf dem Feld a2 mattzusetzen.
Wenn mein Vater mit derart erregenden Problemen be-
schäftigt ist, kann man ihn als Nichtschachspieler nur
dadurch ablenken, dass man in unmittelbarer Nähe sei-

nes Gehörs eine Bombe zur Explosion bringt, woraufhin er dann – wenn man Glück hat – geistesabwesend aufblickt.

Schwager Martin jedoch ist vertraut mit den intimsten Geheimnissen der Psyche eines Schachfreundes. Blitzartig klärt er die Situation, indem er zwei weiße Bauern aus der Tasche zieht, sie auf dem Spielfeld platziert und mittels eines gewöhnlichen Doppelhebels den schwarzen König einfach wegnimmt. Mein Vater galoppiert noch einige Zeit mit dem weißen Springer in der Gegend umher, merkt plötzlich, dass irgendetwas fehlt, blickt erstaunt hoch und gibt unverzüglich auf.

Daraufhin knallt mein Schwager die Zeitung mit der Schachaufgabe auf den Tisch und beginnt auf die Zeitungsleute zu schimpfen.

Ich greife hastig zum Obstmesser und setze es mit dem Mut der Verzweiflung meinem Schwager auf die Brust, um endlich zu erfahren, was mit meiner Schwester geschehen ist.

Ich erfahre, dass sie aus der halboffenen Formation der nimzo-indischen Verteidigung heraus in den Clinch gegangen ist und jetzt über eine Erweiterung des Spieles auf 72 Felder nachsinnt.

In diesem Moment klingelt das Telefon.

»Hier Perick!« melde ich mich.

»S d2 – e4!« ertönt eine Stimme.

»Wie war der werte Name?« frage ich verblüfft zurück.

»Mensch!« sagt die Stimme. »Hier ist Onkel Hans! Mein nächster Zug ist S d2 – e4!«

»Freut mich!« sage ich. »Gardez!«

Schweigen.

»Was ist los?« fragt nach einiger Zeit mein Onkel irritiert.

»Gardez!« wiederhole ich geduldig. »Deine Dame ist tot! Päng! Päng!«

»Nun bleib aber mal auf dem Teppich!« sagt mein Onkel empört. »Meine Dame ist doch überhaupt nicht bedroht!«

»Für mich ist sie jedenfalls erledigt!« sage ich kurzangebunden, lege den Hörer neben das Telefon, packe ein Kissen darüber und begebe mich auf die Suche nach meiner Mutter.

Im Badezimmer entdecke ich meinen Bruder, der gerade die berühmte Pichelsteiner Variante eines angenommenen Damengambits mit Matt im siebten Zug auswendig lernt.

Im kleinen Zimmer fragt mich meine Großmutter, wieso eigentlich Schwarz nicht matt sei, wenn man mit dem Springer c6 zieht und anschließend mit der Dame den Bauern d6 schlägt.

Ich empfehle ihr, einen schlichten Doppelnelson anzusetzen, den eigenen König zwecks besserer Kondition zwanzig Kniebeugen machen zu lassen, und das mit der Dame werde sich spätestens nach dem dritten Kind geben.

Zufällig stoße ich dann auf meine Mutter. Sie hockt

mit meiner Tante in der Speisekammer, und beide streiten sich heftig darüber, ob es legitim sei, auf die schon nahezu legendäre masochistische Rösselvariante mit gezielter indirekter Spätwirkung gegen die eigene Truppe – erstmals gespielt am Nachmittag des 4. August 1891 bei strahlendem Sonnenschein auf dem Kandidaten-Turnier in Melbourne – ganz keck mit dem Zug g2 – g4 zu erwidern.

Da packt mich der kalte Zorn.

Ich renne zurück und fordere meinen Vater.

Er hat Weiß, aber ich komme ihm zuvor, ziehe mit meiner Dame über den eigenen Bauern hinweg auf d2, kassiere den Gegenbauern und sage »Schach!«

Mein Vater protestiert heftig, aber ich schlage noch einmal zu, indem ich einen Bauern beiseite stelle und mit dem Turm h8 die gegnerische Flanke aufreiße.

Mein Vater hält schützend die Hand über seinen König. Nackte Angst ist es, die sein Verhalten prägt. Es ist ihm nicht gelungen, bislang auch nur einmal zu ziehen. Ich nutze die Chance, erdolche nacheinander den Turm, den Springer, den Läufer und biete zum zweiten Mal »Schach«, wobei ich die erstaunte Schachwelt erstmals mit der halboffenen Perick'schen Variante des sogenannten Doppelschach konfrontiere.

Das fassungslose Schweigen nutze ich, indem ich tollkühn in einem Zug sämtliche acht Bauern nach vorn werfe, dabei die gegnerische Dame, den zweiten Läufer sowie vier Bauern schlage und meine Leute unmittelbar um den gegnerischen König herum platziere.

Das ist genau das, womit mein Vater am allerwenigsten gerechnet hat. Es sieht plötzlich nicht mehr sehr günstig aus für ihn. Sein König steht im dreifachen Schach und kann sich nicht einmal mehr bewegen.

Ich werfe für meinen Vater das Handtuch, nehme den weißen König aus dem Ring, erkläre das Spiel für beendet, bedanke mich für die faire Haltung des Gegners, packe die Figuren ein, lege die Zeitung mit der Schachaufgabe dazu, sammle sämtliche Schachbücher ein, hole das Schachspiel aus der Speisekammer und stecke alles in den Müllschlucker. Anschließend schneide ich die Telefonleitung durch und lege den Hörer auf.

Noch nie haben wir so ruhig, friedlich und frei von jeglichen Schachproblemen Kaffee getrunken wie an diesem Nachmittag.

## Qualmereien am Kamin

»Herzlichen Glückwunsch zum neuen Haus!« sagte ich und streckte den Gastgebern einen Strauß preiswerter Blumen entgegen. »Was gibt es denn heute Abend im Fernsehen?«

»Wie meinst du das?« fragten die Gastgeber in einem Ton, als hätte ich in sehr vornehmer Damengesellschaft einen sehr unanständigen Witz erzählt. »Was heißt hier Fernsehen – hast du etwa kein Holz mitgebracht?«

»Was heißt hier Holz?« fragte ich erstaunt zurück. »Habt ihr euer Haus etwa noch nicht eingerichtet?«

»Wir meinen natürlich Brennholz!« sagten die Gastgeber und zogen indigniert je eine Augenbraue hoch. »Das Fernsehgerät steht im Zimmer unserer Raumpflegerin. Der Snob von Welt dagegen sieht doch schon lange nicht mehr fern, sondern kamin, und dafür braucht er eben Brennholz!«

»Ihr seht kamin?« rief ich erstaunt aus. »Wie macht man denn das?«

»Geh nur in den Kaminraum!« sagten die Gastgeber. »Die anderen sind schon dabei!«

»Du kannst ja zunächst meine Blumen für den Kamin nehmen!« flüsterte ich noch schnell meiner Gastgeberin zu. »Ganz neu sind sie ohnehin nicht mehr!«

Im Kaminsehraum saßen dicht gedrängt und stumm in mehreren Reihen hintereinander sehr viele Leute. Sie starrten konzentriert nach vorn, wo sich auf Originalziegelsteinen ein kleines Flämmlein tummelte, und der Unterschied zum Fernsehen bestand eigentlich nur darin, dass es beim Kaminsehen offenbar noch kein zweites Programm gab.

Dann stellte ich fest, dass alle Anwesenden leise vor sich hinweinten.

»Kopf hoch!« rief ich aufmunternd in das bedrückte Schweigen hinein. »Es kommen sicherlich Zeiten, in denen auch ihr wieder fernsehen dürft! Das Gute setzt sich letzten Endes doch immer durch!«

Auf diesen hintergründigen Scherz reagierten die Leute einfach nicht. Sie weinten weiter still vor sich hin. Einige blickten mich allerdings mit geröteten Augen so missbilligend an, als hätte ich mitten in einer Weihestunde Hurra geschrieen und einer sagte sogar: »Pssst!« Obwohl es gar nichts zu hören gab. Es rauschte nur – wie beim Ventilator, und ab und zu knackte es – wie zu Anfangszeiten des Radios.

»Was fehlt denn denen?« wandte ich mich entsetzt an meine Gastgeberin. »War das Abendbrot so schlecht, oder habt ihr gerade den Weltfrieden diskutiert?«

»Ach«, flüsterte die Gastgeberin zurück, »das Holz war nur ein wenig feucht.«

Dann setzte ich mich ganz hinten hin, da es im Kamin ab und zu explodierte, und vorn im Parkett nahm man die obligate Kaminkonversation auf:

»Herrlich, so ein Feuer!«

»Ja, ein herrliches Feuer!«

Schweigen.

»Feuer ist doch etwas Herrliches!«

»Ja, herrlich dieses Feuer!«

»Herrlich, herrlich!«

Schweigen.

»Und so warm!«

»Ja, ein ausgesprochen warmes Feuer!«

In diesem Moment wurde die Unterhaltung durch einige Leute jäh unterbrochen, die, schwer mit Holz beladen, zur Tür hereinstolperten. »Treibholz, frisch aus dem Wasser!« sagte der eine freudestrahlend. Der andere hatte es von einer Baustelle. »Es lag da einfach so herum!« beschwichtigte er uns. »Und außerdem war niemand da, der etwas dagegen hatte!« Ein Dritter hatte es aus dem Garten von nebenan: Die Bäumchen stünden auch ohne diese Latten ganz gerade. Ein Vierter hatte eine Schachtel Streichhölzer aus dem Automaten gezogen. »Kleinholz!« sagte er. Der letzte schließlich hatte einen Baum ausgegraben, der vor dem Haus der Gastgeber stand. Er würde auf diesem sandigen Boden ohnehin nicht gedeihen, meinte er.

Dies sei eine neue Art von Gesellschaftsspiel, fügte meine Gastgeberin erläuternd hinzu.

Leider war – bis auf die Streichhölzer – das neue Holz recht feucht und die Lage wurde undurchsichtig. Man verlor seinen Nachbarn zusehends aus den Augen und allmählich verstand ich, warum die anderen Leute so heftig geweint hatten. Schließlich kam jemand auf die exaltierte Idee, Türen und Fenster zu öffnen, um frische Luft hereinzulassen. Gleich darauf schrie ein Unbekannter auf der Straße, wir sollten die herrliche Nachtluft nicht so verpesten, und wenig später hielt ein Feuerwehrzug vor der Tür. Die offiziellen Bekämpfer illegaler Flammen waren nur mit Mühe davon abzuhalten, das Kaminfeuer zu löschen, und dann sagte ein Gast: »Wenn die Stimmung auf dem Höhepunkt ist, soll man aufbrechen.«

So schieden wir feuchten Auges, und zum Abschied versprach ich der Gastgeberin, beim nächsten Mal Spezialkaminholz mitzubringen – in einer reizenden Geschenkpackung, maigrün und tizianrot gefärbt mit eingebautem Prärieduft, garantierter Lagerfeueratmosphäre, einem aufgesprühten Belag für romantische Stimmungen und einer Spezialfüllung für Jugenderinnerungen.

## Die Hauptstadt von Nauru

Neuerdings löse ich gern Kreuzworträtsel. Nicht, weil ich Langeweile habe. Dieses Wort kenne ich gar nicht, und wenn überhaupt, dann nur als Wort mit zehn Buchstaben, vorne »L« und hinten »E«. Aber das Lösen von Kreuzworträtseln entspannt nach dem unerbittlichen Stress eines harten Alltags. Und es macht erheblich weniger Arbeit als ein Aquarium. Das weiß ich aus Erfahrung, weil die Entspannung vor einem Aquarium mich schon einmal fast an den Rand eines Nervenzusammenbruchs geführt hatte.

Kreuzworträtsel lösen also ist einfacher. Man braucht ein Kreuzworträtsel nicht sauberzumachen, man braucht sich nicht um die Temperatur, den ph-Wert und die richtige Beleuchtung zu kümmern. Außerdem braucht man ein Kreuzworträtsel nicht zu füttern. Man muss sich keine Gedanken machen, ob Trocken- oder Lebendfutter günstiger ist.

Zusätzlich bietet das Kreuzworträtsel Gelegenheit, endlich einmal sein überlegenes Wissen anzuwenden. Sicherlich: Abkürzung für »Wanderkarte« mit zwei Buchstaben ist nicht das, was dem menschlichen Geist das letzte abverlangt. Und »jetzt« mit drei Buchstaben, vorne »N« und hinten »N« strapaziert die kleinen grauen

Zellen auch nicht gerade. Es ist viel Routine dabei. Ich gebe Ihnen hier mal unter dem Siegel der Verschwiegenheit zwei unentbehrliche Tipps für jeden Kreuzworträtsellöser: Teil eines Buches mit fünf Buchstaben ist immer die »Seite«. Und was auch sehr oft vorkommt, ist das »eingelegte Tierprodukt«. Merken Sie sich: Es ist das »Solei«. Aber bitte sagen Sie es nicht weiter. Es muss unter uns bleiben!

Gut, das sind Sachen, die weiß man ohnehin. Aber das ist nicht alles. »Weltfremder Mensch« mit 14 Buchstaben – das wird doch schon schwieriger. Und genau da geht es los, da kann man sein umfangreiches Wissen endlich einmal anwenden. Nehmen Sie nur die »antike Maya-Stadt in Guatemala« mit fünf Buchstaben: Noch nie in meinem bisherigen Leben hat mich jemand danach gefragt. Dann war es so weit: Das Kreuzworträtsel wollte es wissen!

Sicherlich, es kommen auch wieder leichtere Sachen: tropische Feldfrucht mit sechs Buchstaben: Ananas.

Manchmal führt auch die Frage listig nicht direkt zu dem gewünschten Wort. Zum Beispiel die Frage »Unruhe« mit sieben Buchstaben. Wer kennt sie nicht, die innere Unruhe aus den verschiedensten Anlässen: Was will der Chef von einem? Oder: Kommt sie oder kommt sie nicht? Oder: Reicht das Geld noch die letzten fünf Tage im Monat? Oder: Geht der Gerichtsvollzieher vorbei zum Nachbarn? Oder auch: Klappt es diesmal mit dem Lottoschein?

Und dann stellt sich heraus: Diese Art von Unruhe ist

gar nicht gemeint. Die Lösung heißt vielmehr: »KRA-WALL«!

Gut! Diese kleinen Irrwege sind ja noch ganz lustig. Aber kürzlich habe ich mich doch geärgert: Gefragt war die Hauptstadt von Nauru mit fünf Buchstaben.

Nauru? Nanu? Nie gehört! Allem überlegenen Wissen zum Trotz: Was heißt denn hier Nauru? Das müsste doch sogar ein Staat sein, wenn es eine eigene Hauptstadt hat. Keine Hauptstadt ohne Staat. Aber was für ein Staat? Ein Königreich? Ein Inselstaat? Eine Republik oder ein totalitäres Regime? Und wo? Klar, in Europa liegt das nicht. Aber muss man das denn überhaupt wissen? Bin ich dumm, wenn ich nicht weiß, dass es einen Staat Nauru gibt?

Also, ich kenne niemanden, der Nauru kennt. Ich kenne keinen Menschen, der in Nauru seinen Urlaub verbracht hat. Die langjährige Gefährtin meines Lebens nicht, meine ebenfalls langjährigen Töchter auch nicht. Sie haben ebenso wenig wie ich von Nauru gehört. Auch von den von mir angesprochenen Arbeitskollegen kennt niemand Nauru. In der ganzen Nachbarschaft ist Nauru absolut unbekannt. Und im Verein am Stammtisch gelang es mir einfach nicht, Nauru zum Thema zu machen. Die Jungs erwiderten allenfalls nur »nanu« oder »Hauruck«.

Sowohl mein Steuerberater als auch meine Zahnärztin schüttelten verwundert den Kopf, als ich sie auf Nauru ansprach. Weder der Verbraucherzentrale noch der Telefonseelsorge war bekannt, dass es irgendwo in der großen weiten Welt ein Nauru, dazu noch mit einer Hauptstadt, gibt, geschweige denn, wo es eigentlich liegt. Und auch die Telefonauskunft war völlig überfordert, als ich nach dem Telefonanschluß des Präsidenten in der Hauptstadt von Nauru fragte.

Und das finde ich einfach ganz schlimm: Da kennt man nicht einmal einen Staat Nauru, und dann soll man auch noch die Hauptstadt davon kennen. Wirklich – das regt mich auf! Da gibt es also ganz offensichtlich irgendwo bei uns in einer Zeitschriftenredaktion Menschen, die versuchen, ihren hochintelligenten Lesern Minderwertigkeitskomplexe einzujagen. »Nauru?« denken die still vor sich hin, »das muss man wissen! Das gehört ganz einfach zur Allgemeinbildung! Und es soll Leute geben, die nicht wissen, wie die Hauptstadt von Nauru heißt? Traurig! Traurig!« brummeln sie in der Redaktion. Und: »Von solchen Lesern müssen wir nun existieren. Eine Schande, was man uns so antut!«

Nun – was mich betrifft, so braucht diese Zeitschrift nicht länger zu existieren: Ich habe mein Abonnement zum schnellstmöglichen Zeitpunkt gekündigt!

*II. Kapitel:*
*Das Auto –*
*unser liebstes Kind*

## Helden am Steuer

Dass die Frauen das starke Geschlecht sind, das wissen wir seit langem. Dieses Wissen kommt aus absolut sicherer Quelle: Die Frauen selbst sind es, die es uns – keineswegs immer direkt und aggressiv, sondern gelegentlich sogar diskret und bescheiden, aber doch unmissverständlich – zu verstehen geben.

Und sie haben recht: Frauen leben länger als wir, sie allein können Kinder zur Welt bringen, sie haben mehr weibliche Hormone als wir, meistens jedenfalls, sie sind ausdauernder vor dem Spiegel, kreativer beim Haare färben, konditionell und mental überlegen beim Einkaufen und Aufstöbern von Schnäppchen. Wir Männer hingegen verabscheuen es weitgehend, überhaupt einzukaufen.

Frauen reden mehr als wir und verstehen es besser, am Telefon belanglose Gespräche endlos in die Länge zu ziehen. Das wiederum kann uns Männern nicht passieren, weil wir praktisch keine belanglosen Gespräche führen.

Aber darüber hinaus gibt es doch noch einige Gebiete, auf denen wir Männer den Frauen überlegen sind: Wir waren als erste auf dem Mond, wir laufen schneller, springen höher und weiter. Und wir sind harmoniebedürftiger. Wir Männer können schweigen, zumal, wenn wir im Unrecht sind. Und wir stehen zu unseren Ausreden, wenn es darum geht, uns im Haushalt vor unangenehmer Arbeit zu drücken.

Nun fragen Sie sich – und möglicherweise auch mich: Wann kommt er denn nun endlich zur Sache?

Sie haben recht! Verzeihen Sie mir, wenn ich mich so vorsichtig an dieses Thema herantaste – aber nett von Ihnen, dass Sie mich daran erinnert haben:

Es geht genaugenommen – genaugenommen geht es um das Autofahren. So überlegen uns die Frauen auf allen möglichen Gebieten sind: Es ist nicht so, dass das Autofahren – bei aller Gleichberechtigung – dazu gehört. Zwar verweisen die Frauen selbstbewusst und durchaus zu Recht darauf, dass sie erheblich weniger Unfälle verursachen als wir Männer.

Aber das ist eben nicht alles. Wenn wir Männer unter uns sind, dann flüstern wir uns hinter vorgehaltener Hand zu, dass es mit den Fahreigenschaften der Frauen eben doch nicht so ist. Es ist, als sollten sie hundert Meter in zehn Sekunden laufen. Sie schaffen es nicht, während wir Männer diese Zeit schon seit langem laufen.

Sehen Sie – und ebenso ist es mit dem Autofahren. Uns Männern liegt das Autofahren gewissermaßen im Blut – wir können ja gar nichts dafür. Es ist nicht unser Verdienst. Vermutlich sind es die Gene. Was sollen wir denn machen? Sobald wir im Wagen sitzen, geht es – mit uns – los: Wir meistern souverän jede noch so schwierige Situation im Straßenverkehr. Unsere Überlegenheit in der Wagenführung ist schon fast grenzenlos!

Wir Männer sind bereit, das ganz offen und ehrlich zuzugeben. Umso überraschter sind wir, dass die Frauen diese Fähigkeiten einfach ignorieren. Ja, sie geben nicht einmal zu, dass der Mann, sowie er hinter dem Steuer sitzt, zu einem Wesen einer ganz anderen Art wird – es wäre sicherlich übertrieben, hier situationsbedingt von einer Art Übermensch zu sprechen. Aber in etwa stimmt die Richtung!

Dennoch verweigern die Frauen beharrlich, unsere souveräne Beherrschung der wirklich oft riskanten Augenblicke des Verkehrsalltags anzuerkennen. Sie verweigern immer wieder die vorbehaltlose Bewunderung unserer angeborenen Fahreigenschaften, mit denen wir die schwierigsten Verkehrssituationen meistern. Sie lassen jede positive Würdigung unseres erstaunlichen Fahrverhaltens vermissen. Das schmerzt uns Männer natürlich.

Wieso geben sie nicht ganz einfach zu: »Schatz, auch wenn du noch einen Wagen mit Gangschaltung fährst – aber wie du so gefühlvoll in den zweiten Gang herunterschaltest, das macht mich schwach!«

Weshalb hört man nicht: »Liebling, wie du eben in dieser riskanten Situation den Wagen so überlegen und beherrscht genau zum richtigen Zeitpunkt abgebremst hast, das ist einfach zum Verlieben. Du leistest eine bewundernswerte Bremsarbeit!«

Und wann endlich werden sie bekennen: »Du fährst so herrlich defensiv! Und doch so zügig und flüssig – nie könnte ich das ! Nie!«

Stattdessen bekommt man zu hören: »Pass doch endlich auf, wo du hinfährst!« Und: »Beim Bremsen würde ich auskuppeln! Sonst würgst du den Motor ab!« Oder:

»Wenn du rechtzeitig nachgetankt hättest, dann wären wir jetzt nicht stehen geblieben.« Oder noch schlimmer: »Warum fährst du denn schon wieder bei Rot über die Kreuzung?«

Eine rein rhetorische Frage! Das schlimmste allerdings widerfuhr mir kürzlich auf der Autobahn. Sagte doch das weibliche Wesen neben mir auf dem Beifahrersitz zunehmend schwer atmend und dann fast schreiend:

» M e i n e G ü t e !«

»Ja?« sagte ich erwartungsvoll angesichts dessen, dass meine Begleiterin für ihre Verhältnisse gefühlsmäßig außergewöhnlich stark engagiert zu sein schien. »Ja? Meinst du mich?«

»Ja!« schrie sie fast verzweifelt. »Siehst du denn nicht, dass wir in diesem Augenblick auf der G e g e n f a h r b a h n fahren?«


## Autowäsche

»Was machst du da, Onkel?« fragen die beiden Jungen und schieben sich unerbittlich näher heran.

»Ich wasche meinen Wagen!« erkläre ich höflich, wie meine Eltern es mich gelehrt haben.

»Der hat es aber auch nötig!« meint der größere der beiden nach einem fachkundigen Blick entschieden weniger höflich.

Ich protestiere beleidigt. »So schlimm ist es auch wieder nicht. Ich könnte noch gut vier Wochen damit warten. Aber leider haben die Leute sich beschwert. Sie sagen, mein Auto verunziere die ganze Gegend. Die Polizei müsse eigentlich einschreiten wegen Erregung öffentlichen Ärgernisses und Verschandelung der Landschaft!«

»Kratzt du den Dreck mit dem Messer ab, Onkel?« fragt der größere der beiden.

»Nein!« sage ich leicht verärgert. »So schmutzig ist mein Auto wirklich nicht. Natürlich wasche ich den Staub mit Wasser ab!«

»Und was steht hier auf dem Wagen, Onkel?« fragt der kleinere.

»Och«, sage ich gedehnt. »Das hat nichts weiter zu bedeuten. Da hat irgendein Schmierfink mit dem Finger ´altes Ferkel´ in den Staub geschmiert!«

»Sollen wir dir helfen, Onkel?« fragen die beiden kleinen Jungen, und nun ist es offen ausgesprochen.

Jeder weiß, wie empfindlich die Lackschicht eines Autos insbesondere kleinen Kindern gegenüber ist. So ein Kind braucht einen Wagen in aller Unschuld nur einmal treuherzig und verträumt anzublicken – und schon ist die Lackschicht mit Kratzern geradezu übersät. Andererseits sind natürlich auch kleine Kinderseelen recht empfindlich.

»Wie bit-, o nein!« sage ich infolgedessen hastig. »Das schaffe ich schon allein. Seht nur, Jungs, ich bin groß und stark – jedenfalls im Vergleich zu euch, außerdem beschmutzt ihr euch eure kleinen Fingerchen. O nein, lasst nur! Lasst nur! Vielen, vielen Dank! Ich schaffe es schon allein!«

»Wir können das aber, Onkel!« meint der größere der beiden.

»Natürlich!« sage ich. »Natürlich könnt ihr das! Ihr seid tüchtige Jungs, das weiß doch jeder! Habt ihr denn auch schon eure Schularbeiten gemacht?«

»Wir dürfen doch noch nicht in die Schule, weil wir zu klein sind, Onkel!« verkünden die beiden kleinen Teufel triumphierend.

Ich wische mir den Angstschweiß von der Stirn. »Leider ist jetzt gerade Mittag. Eure Mutti wartet auf euch. Ihr müsst essen, damit ihr noch größer und noch stärker werdet!«

»Wir haben aber doch schon gegessen!« antworten die beiden vorwurfsvoll.

»O!« sage ich mit irrem Blick. »Ihr Glücklichen! Ihr habt schon gegessen, und der arme Onkel muss hungern! Nun macht mal schnell Platz, damit ich schneller fertig werde und auch bald Mittagessen kann!«

»Aber wenn wir dir helfen, Onkel«, sagt der größere, »dann wirst du doch viel schneller fertig!«

»Du kannst ja essen, und wir waschen den Wagen allein!« piepst der kleinere.

»Das wäre herrlich!« rufe ich verzweifelt. »Aber eure liebe Mutti braucht euch! Ihr müsst ihr helfen, damit sie sich ein wenig ausruhen und ihre Freude daran haben kann, dass sie zwei so prächtigen Kerlchen das Leben geschenkt hat!«

»Aber sie schimpft immer!« sagt der größere betrübt. »Sie sagt, wir machen andauernd alles kaputt, und sie macht es viel lieber allein!«

»Nicht doch!« rufe ich entsetzt. Der kleinere hat inzwischen den Schwamm ergriffen und reibt auf dem Lack herum, dass es knirscht. »Der Schwamm muss nass sein! Man muss mit viel Wasser arbeiten!« In dem Moment stolpert der größere und fällt mitsamt dem Wassereimer gegen den Wagen, woraufhin das Wasser ausläuft. »Hopsa« sagt der kleinere, schnappt sich den Eimer und läuft zum Wasserhahn.

Während ich ihm noch entgeistert nachblicke, beginnt der größere mit einem trockenen Tuch die Lackfläche zu schmirgeln. Und als ich ihm das Tuch mit dem Mut der Verzweiflung entreiße, fängt der kleinere an, mordsmäßig zu schreien. Der Eimer sei auf einmal so schwer geworden, dass er ihn gar nicht mehr tragen könne. Sofort flitzt der größere hin, und dann schleppen sie gemeinsam den vollen Eimer heran und knallen ihn gegen den Wagen, weil sie nicht rechtzeitig bremsen können.

Diesmal schreie ich mordsmäßig, und um sie abzulenken, sage ich, sie sollten doch zunächst einmal die Radkappen putzen. Damit sind sie jedoch fertig, als ich gerade einmal tief geseufzt habe. In dem Moment – gerade, als sie den Eimer auf das Wagendeck heben und die noch unbeschädigten Teile des Lacks ebenfalls ruinieren wollen – erschallt einige Stockwerke über uns eine schrille Frauenstimme, woraufhin der größere wie ein gehetztes Kaninchen im nächsten Hauseingang verschwindet.

»Na!« sage ich zu dem Kleinen und hole tief Luft. »Du hast doch sicherlich keine Lust, so ganz allein weiterzuarbeiten, wie? Gewiss willst du jetzt auch nach Hause. Dafür habe ich Verständnis! Du darfst! Ich gebe dir Urlaub!«

In dem Moment taucht der große Bruder schon wieder im Hauseingang auf. »Huhu, Onkel!« ruft er strahlend. »Ich habe dir was mitgebracht!« Mit einem fröhlichen Lächeln langt er hinter sich und schiebt drei noch kleinere Kinder mit entsetzlich frechen Gesichtern nach vorn. »Die wollen alle mithelfen, Onkel!«

Und dann stürzt sich die ganze Meute jubelnd auf meinen Wagen.

## Achtung, Baustelle…

»Das ist wirklich nett von Ihnen!« sagte der Mann, setzte sich in meinen Wagen und klappte energisch die Autotür hinter sich zu.

»Keine Ursache!« sagte ich ein wenig befremdet. »Ich habe nicht gehalten, um Sie mitzunehmen, sondern weil die Ampel auf Rot steht!«

»Kopf hoch!« sagte der Mann tröstend. »Hauptsache, Sie haben überhaupt gehalten. Falls die Ampel mal wieder auf Grün springen sollte, dann achten Sie nach knapp dreitausend Metern auf die Querrinne. Das ist eine beliebte Stelle, sich einen Achsenbruch wegzuholen. Die Reparaturwerkstatt rechts daneben ist extra deswegen errichtet worden. Die leben von der Querrinne!«

Ich dankte. »Dauert es denn sehr lange, bis hier Grün kommt?«

»Unheimlich lange!« bestätigte der Mann. »manchmal, wenn Sie Pech haben, im Winter, dann sind die Bäume eher grün als die Ampeln. Die Baustelle ist nämlich viele Kilometer lang , und wenn gerade Rot ist – das fördert das Gemeinschaftserlebnis. Hier haben sich schon Paare fürs Leben gefunden. Sehen Sie dort rechts vor dem Tannenwald, da haben die Kraftfahrer einen reizenden Kinderspielplatz eingerichtet. Mit Sandkisten, Schaukeln, Karussells und Fußballplatz. Allerdings spielen meistens die Väter. Jedes Mal, wenn Rot ist, dann werden die Kleinen eingesammelt und auf diesen Spielplatz gebracht. Sie müssen mal die Enttäuschung bei den Kindern sehen, wenn zufällig nicht Rot ist. Für die kann es gar nicht oft genug Rot sein!«

»Und was machen die Erwachsenen, wenn sie nicht gerade Fußball spielen?« fragte ich interessiert.

»Wir tragen beispielsweise regelmäßig Skatmeisterschaften aus!« erklärte der Mann weiter. »Hiesige Straßenbaufirmen haben die Preise gestiftet. Und im Sommer hält ein Beauftragter des Verkehrsministeriums dort drüben vor dem Gebüsch Vorträge über die Bedeutung der Farbgebung. Insbesondere wird den Leuten gezeigt, wie Grün aussieht. Damit sie sich seelisch darauf einstellen können. Ein Studienrat hat übrigens kürzlich einen gemischten Chor zusammengestellt. Im Moment üben sie ´Warte, warte nur ein Weilchen´. Natürlich gibt es auch Leute, die es immer eilig haben. Die haben sich ein Zweitauto für die andere Seite zugelegt. Wenn Rot ist, stellen sie ihr Auto hier ab, gehen zu Fuß weiter und steigen drüben in das andere Auto. Sehen Sie den älteren Herrn dort drüben? Der ist Choleriker. Jedes Mal, wenn Rot ist, sieht er rot. Dann steigt er aus und tritt vor Wut gegen die Eiche auf der anderen Seite. Das macht er seit drei Jahren!«

»Solange ist hier schon Baustelle?« fragte ich erschüttert.

»Noch länger«, sagte der Mann neben mir. »Die ersten beiden Jahre war der Herr noch friedlich. Aber urplötzlich ging es dann mit ihm durch. Er ist übrigens noch verhältnismäßig neu hier. Die meisten verkehren erheblich länger auf dieser Baustelle. Wenn ich Ihnen noch einen Tipp geben darf: Nach dieser einspurigen Strecke vor uns beginnt eine herrliche Straße, breit wie der Ärmelkanal, aber viel glatter. Diese Straße ist seit drei Jahren fertig, und Sie könnten ohne weiteres 200 Stundenkilometer fahren, wenn Ihr Wagen das schaffen würde. Aber leider hat man seinerzeit aus Versehen das Schild ´Tempo 20´stehen lassen. Fahren Sie auf keinen Fall schneller. Tausend Meter dahinter baut sich nämlich seit drei Jahren Tag für Tag ein Polizeiwagen auf und kassiert – ein Beitrag zur Finanzierung der Baustelle. Nach fünf Kilometern ist dann endlich die Geschwindigkeitsbegrenzung aufgehoben. Leider beginnt dort die eigentliche Baustelle, und dort sollten sie schon wegen der Kinder nicht schneller als Tempo 20 fahren!«

»Wegen der Kinder?« fragte ich überrascht.

»Ja!« sagte der Mann. »Die Kinder der Bauarbeiter. Die Leute sind hier fest verwurzelt, haben sich solide Häuser hingebaut und ihre gesamte Verwandtschaft nachgeholt. Die Arbeitnehmer dieser Baustelle haben ihre eigene Schule, ihre eigene Kirche, einen Sportverein, einen Bürgermeister und im Moment geht es um die Errichtung eines Gymnasiums. Diese Baustelle ist ein wirtschaftlicher und politischer Faktor geworden. Sogar im Bundestag haben sie schon Wetten abgeschlossen, ob man hier jemals fertig wird.«

»Sie kennen diese Strecke wohl sehr gut?« fragte ich.

»Das will ich meinen!« sagte der Mann stolz. »Diese Baustelle ist mein Lebenswerk. Hier habe ich als junger, kräftiger Kerl angefangen. Hier habe ich meine Frau kennen gelernt. Sie hatte sich bei einer Umleitung eine Spitzhacke in den Reifen gejagt, und ich half beim Reifenwechsel. Auf dieser Baustelle sind meine Kinder geboren. Wenn diese Straße plötzlich fertig wäre – das würde ich nicht überleben!«

»Nur keine Angst!« sagte ich zu ihm. »Ich bin ganz sicher, dass die Baustelle Sie überlebt!«

Und plötzlich war Grün.

## *Ärger mit dem Rücklicht*

Der Fahrer hinter mir blinkte aufgeregt in das Dunkel hinein. Dann fing er an zu hupen. Schließlich hupte und blinkte er gleichzeitig.

Ich machte mir deshalb keine übermäßigen Sorgen. Schließlich leben wir in einem freien Land. Jeder hat das Recht auf freie Entfaltung seiner Persönlichkeit. Die Persönlichkeit des Fahrers hinter mir war eben so beschaffen, dass er andauernd hupen und blinken musste. Ohnehin war es mir bereits seit langem klar, dass nicht alle Menschen so vernünftig und zurückhaltend fuhren wie ich.

Vielleicht hatte er auch zu Hause eine zänkische Frau und acht kleine tyrannische Kinder. Kleine Kinder sind ja meistens tyrannisch. Vielleicht durften zu Hause immer nur die Kinder hupen und blinken, während er selbst ruhig in einer Ecke verharren musste und allenfalls ab und zu Geschirrabwaschen und Staubsaugen durfte.

Zufrieden lehnte ich mich in den Sitz zurück und freute mich, dass mein Wagen so problemlos lief. Da plötzlich fuhr der Kerl mit mindestens siebzig Sachen an mir vorbei. Das war natürlich grob verkehrswidrig. Ich selbst fuhr schließlich auch schon sechzig, und er durfte – weil im Stadtverkehr – gar nicht schneller als fünfzig fahren. Er fuhr also an mir vorbei, setzte sich direkt vor mich und stoppte.

Das grenzte schon an Verkehrsbehinderung und machte mich fast ein wenig stutzig. Langsam keimte der Verdacht in mir hoch, dass dieser Mann etwas auf dem Herzen hatte. Sollte er etwa gar mich meinen? Ich fuhr rechts heran und hielt.

»Guten Abend!« rief ich ihm fröhlich zu. »Was kann ich für Sie tun? Haben Sie Ärger mit Ihrer Hupe?«

»Keine Spur!« brüllte er zurück. »Aber Ihr Rücklicht funktioniert nicht!«

Das war ein harter Schlag. Bis zu diesem Moment war ich nämlich der Ansicht gewesen, dass mein Rücklicht doch funktionierte. Von tiefer Trauer erfüllt bedankte ich mich höflich, zog meinen Kopf in den Wagen zurück und wartete darauf, dass der andere weiterfuhr. Schließlich wäre es taktlos von mir gewesen, seine Bemühungen einfach zu ignorieren und loszufahren, als hätte er mich niemals freundlicherweise auf mein Rücklicht aufmerksam gemacht. Wie leicht kann man durch derart brutales und unüberlegtes Verhalten einem anderen Menschen schweren seelischen Schaden zufügen!

Andererseits hatte ich bereits vorher die Erfahrung gemacht, dass jegliches Warten insofern sinnlos ist, als solch ein Rücklicht in den seltensten Fällen vom Warten wieder heil wird. Früher einmal hatte ich über drei Stunden lang gewartet, und hinterher funktionierte das Rücklicht immer noch nicht. Es lag klar auf der Hand – ich konnte ebenso gut weiterfahren.

Der andere blieb jedoch mit seinem Wagen stehen. Wahrscheinlich hatte er mit Rücklichtern bisher noch keinerlei Erfahrung gemacht und war der Ansicht, sie fingen von selbst an zu leuchten, wenn man nur lange genug wartete.

Ich steckte also den Kopf erneut aus dem Fenster. »Vielen, vielen Dank!« rief ich nach vorn. »Sie haben mir wirklich einen großen Gefallen getan!« Dann deutete ich mit einer großmütigen Handbewegung an, er möge nur schon losfahren. Er brauche sich nicht noch mehr um mich zu kümmern. Ich müsse eben zusehen, wie ich inmitten der Dunkelheit mutterseelenallein mit meinem schweren Schicksal fertig würde.

»Bitte, bitte!« sagte jedoch der andere Fahrer nur und rührte sich kein Stückchen vom Fleck.

Ich genierte mich, vor den Augen dieses Mannes mit einem defekten Rücklicht weiterzufahren. So stieg ich resigniert aus und besah mir den Schaden.

Der Mann hatte recht. Das Rücklicht brannte tatsächlich nicht. An und für sich ist das nun gar nicht weiter tragisch, da jeder vernünftige Autofahrer stets Ersatzbirnen bei sich führt. Er schraubt die Rücklichtkappe ab, wechselt die Birne aus, schon brennt das Rücklicht wieder.

Leider gehörte ich bislang noch nie zu diesen vernünftigen Autofahrern. Infolgedessen verfügte ich auch über keinerlei Ersatzbirnen, und daher sah ich für die Zukunft meines Rücklichts also schwarz.

»Junge, Junge!« murmelte ich bekümmert vor mich hin. »Was machen wir denn da bloß?« Erwartungsvoll blickte ich den Mann an.

Der aber blickte mindestens ebenso erwartungsvoll

zurück. Offensichtlich war er selber neugierig, was wir beide nun machen würden. Er sah mich mit dem Blick an, mit dem seinerzeit die Römer auf jene Gladiatoren geblickt haben mochten, die mit einer geschärften Nagelfeile einen grimmen Löwen erlegen sollten.

»Haben Sie zufällig Ersatzbirnen bei sich?« fragte ich vorsichtig bei ihm an.

»Nein!« sagte er abweisend und rührte sich immer noch nicht vom Fleck.

Langsam stieg in mir der Verdacht hoch, dass dieser Mensch mich kontrollieren wollte. Dem wollte ich das aber mal zeigen! Für einen Autofahrer nämlich, der wirklich technisch begabt ist, ist so ein Rücklicht im Grunde überhaupt kein Problem. Ich bückte mich zunächst und pochte fachmännisch gegen das Rücklichtglas. Mit wenigen, aber zielbewussten Strichen – gewusst wo – strich ich dann um das Rücklicht herum, vorsichtig, tastend und klopfte abschließend energisch auf den Chromrand.

Dann richtete ich mich wieder auf und stellte zu meiner großen Überraschung fest, dass das Rücklicht immer noch nicht funktionierte.

»Merkwürdig!« murmelte ich und strich nachdenklich über mein Kinn. Ratlos sah ich dann zum Wagen meines Aufpassers hinüber, um festzustellen, wie eine intakte Rücklichtanlage überhaupt aussieht.

Als ich damit fertig war, wandte ich mich erneut an den Mann. »Wird Ihnen denn gar nicht die Zeit lang?« fragte ich ihn besorgt.

»Keineswegs!« erklärte er unangenehm kühl und sachlich. »Für Leute, die so wenig Verantwortungsgefühl besitzen, dass sie im Dunkeln ohne Rücklicht fahren, haben wir von der Polizei immer Zeit! Darf ich mal Ihre Papiere sehen«, sagte er und stieg aus.

Ich zuckte peinlich berührt zusammen und stellte dann fest, dass der Mann offensichtlich recht hatte. Vieles sprach dafür, dass es sich tatsächlich um einen Polizisten handelte. Allein die Uniform, die weißen Kotflügel am Wagen und nicht zuletzt die Aufschrift »Polizei« wiesen im Grunde darauf hin.

»Was machen wir denn nun bloß?« fragte ich schließlich bekümmert. »Ihr Rücklicht funktioniert nämlich auch nicht!«

*III. Kapitel:*
*Eigenartig – diese Menschen*

## Baby-Markt in Wandsbek

Der Fortschritt ist nicht mehr aufzuhalten – auch wenn er gelegentlich nach hinten losgeht. Aber was ich kürzlich im Hamburger Stadtteil Wandsbek sah, das machte mich fassungslos und riss mich aus meinem ohnehin stets gefährdeten seelischen Gleichgewicht: Ich fuhr mit meinem Wagen ganz ahnungslos an einer riesigen ebenerdigen Halle mit einem noch riesigeren Parkplatz vorbei. Es dämmerte schon und alles war hell – nein, superhell – beleuchtet. Und vorn, über dem Eingangsbereich, stand in riesigen Leuchtbuchstaben das Wort ´Baby-Markt´.

Nun, ich brauchte gerade kein Baby und fuhr infolgedessen weiter, ohne das Tempo zu verringern. Nicht, dass ich etwas gegen Babys habe. Das kann mir wirklich niemand nachsagen. Im Gegenteil: Ich liebe Babys! Besonders auf den Armen mir unbekannter und weit entfernter Frauen. Nein, nichts gegen Babys. Aber natürlich muss man unterscheiden: Man kann Babys nicht vergleichen mit einer Flasche Wein, mit einer Zahnbürste, einem Geschirrspüler oder Halbfettmargarine. »Ein jedes Ding zu seiner Zeit!« sagten schon meine holsteinischen Vorfahren. Und sie hatten recht: Es muss nicht immer gleich ein Baby sein!

Aber während ich gemächlich weiterfuhr, geriet das Spiel meiner Gedanken ins Stocken, und ich hatte plötzlich das Gefühl, etwas Ungeheuerlichem begegnet zu sein – hatte ich eben ´Baby-Markt´ gelesen? Das kann doch nicht wahr sein! Jetzt verkaufen die bei uns schon Babys im Supermarkt. Wie Kamele auf dem Kamelmarkt in Djemmal. Wie Ferkel auf dem Ferkelmarkt in Cloppenburg! Jetzt also auch Babys in Wandsbek!

Man muss sich das einmal vorstellen! Wenn ich daran denke, also früher, zu meiner Zeit – ich will jetzt gar nicht wieder anfangen mit dem Storch, der Blüte und der Biene, das setze ich bei Ihnen einfach mal voraus – da reifte so ein Kleines im Leib der eigenen, meist jungen Mutter heran, ohne dass Verkäuferinnen, Marketing-Assistenten oder Supermarkt-Chefs eingeschaltet wurden. Es war sozusagen eine ganz private Angelegenheit und ging nur die werdende Mutter, oft auch den Vater und allenfalls noch die Eltern der beiden etwas an.

Aber dies hier – jetzt auch noch ein Baby-Markt! In was für einer Zeit leben wir denn eigentlich? Klar – in einer Großstadt wie Hamburg besteht ein ganz anderer Baby-Bedarf wie in einem kleinen Dorf möglicherweise fern der Autobahn draußen auf dem Lande. Und in einer absatzorientierten Gesellschaft müssen derartige Bedarfe selbstverständlich ganz anders gedeckt werden, als dies früher in einem Tante-Emma-Laden der Fall sein konnte. Es ist wirklich der helle Wahnsinn – aber neugierig ist man ja doch: Wie machen die das bloß in so einem Baby-Markt? Sicherlich liegen die lieben Kleinen – wie alles in solchen Märkten – in Regalen, nach verschiedenen Angeboten sortiert, für jeden Geschmack etwas. Der größte Teil des Sortiments wird wahrscheinlich, der Nachfrage entsprechend, aus Neun-Monats-Kindern bestehen. Aber auch für Acht- und selbst für Siebenmonatskinder muss Platz sein. Nicht zu vergessen die kleine XXL-Abteilung: Zehn-Monats-Kinder.

Das Angebot wird selbstverständlich nach Größe, aber auch nach Gewicht sortiert sein. Von 40 bis 60 Zentimeter und von 2000 bis 5000 Gramm – alle Zwischengrößen natürlich eingeschlossen. Am ausgewogenen, aber dennoch bedarfsorientierten Angebot erkennt man die fachliche Qualifikation einer kundenfixierten Markt-Strategie.

Selbstverständlich muss es in einem gutsortierten Baby-Markt für die hoffnungsfrohen potentiellen Eltern aus aller Herren Länder im Zuge unserer globalen Entwicklung auch eine multikulturelle Abteilung geben. Von rötlich, braun und gelb bis olivfarben, ocker und schwarz sollte man von einer derartigen absatzorientierten Supermarkt-Kette das Eingehen auf fast alle Kundenwünsche erwarten können.

So skeptisch ich aber trotz allem für meine Person einer derartigen Einrichtung gegenüber stehe – eines muss man den gewinnorientierten Marktstrategen lassen: Es ist schon eine beachtliche Leistung, so etwas zu organisieren! Man denke nur einmal an die Nahrungszuführung. Es ist doch nicht damit getan, dass man an den Babys eine Futterrinne mit Milch entlang führt. Ähnlich wie bei den Kühen etwa. Jeder, der etwas von Babys versteht, weiß, dass die lieben Kleinen gar nicht in der Lage sind, selbständig zu trinken! Sie brauchen zumindest die Flasche - wenn nicht mehr -, und die muss ihnen in den Mund gesteckt werden. Ich stelle mir das so vor: Da wird ein Fließband mit Flaschen ruckartig an den Köpfen des internationalen Nachwuchses vorbeigeführt. Bei jedem Baby heißt es »Stopp«, eine Absenkvorrichtung senkt die Flasche mit Schnuller in den Mund des kleinen Wonneproppens - und wartet, bis die Flasche weitgehend leer ist. Vielleicht gibt es auch noch eine Bäuerchen-Auffanganlage, die Signale dieser Art elektronisch weiterleitet. Aber wie ist es eigentlich mit dem Windeln? Also, ich jedenfalls habe das früher immer in Handarbeit gemacht – eine sicherlich nicht ganz saubere, aber immerhin eine Arbeit mit individuellen Lösungsmöglichkeiten. Wie die d a s machen, kann ich mir einfach nicht vorstellen!

Auf jeden Fall wird sich dieser Aufwand mit Sicherheit im Preis niederschlagen. Immerhin geht es hier um Menschen und nicht um Tiere, das sollte man auf keinen Fall vergessen. Aber dennoch hat so ein Baby-Markt durchaus auch seine finanziellen Vorteile: So können die Eltern während der früher sogenannten »Schwangerschaft« ohne jede Einschränkung weiterarbeiten, wodurch ihnen ihr Arbeitsplatz hundertprozentig erhalten bleibt. Das allerdings kann wieder, arbeitsmarktpolitisch gesehen, durchaus negative Folgen haben. Dennoch weist die Entwicklung insgesamt für das Familienministerium interessante Aspekte auf: Ein reichhaltiges Baby-Angebot führt mit Sicherheit auch zu einer verstärkten Baby-Nachfrage, so dass man hier mit entsprechenden Subventionen durchaus rechnen kann.

Dennoch finde ich diese Art des Kinderkriegens – fast muss man ja schon von »Kinderbeschaffungsmaßnahmen« sprechen – trotz aller positiven volkswirtschaftlichen Aspekte höchst bedenklich. Bei mir war das damals, wie gesagt, ganz anders: Meine Eltern mussten nehmen, was sie kriegten. Und das funktionierte auch. Jedenfalls einigermaßen.

Möglich ist natürlich, dass sich mir die marktstrategischen Vorteile eines solchen Baby-Marktes noch nicht voll erschlossen haben. Auf jeden Fall sollte ich den Tipp vielleicht schon mal an meine Nachbarin, eine alleinstehende, nicht mehr ganz junge, aber sehr aparte und sympathische Frau weitergeben. Sie hat mir in jüngster Zeit wiederholt zu verstehen gegeben, wie gern sie möglichst schnell ein Baby hätte!


## Morden Sie nicht bestialisch

»Wir sollten heiraten!« sagte er
  »Nein!« sagte sie.
  Er: »Aber ich liebe dich!«
  Sie: »Das ist kein Grund!«
  Er: »Aber ich brauche dich!«
  Sie: »Da bist du nicht der einzige!«
  Er: »Ich kann ohne dich nicht leben!«
  Sie: »Du wirst es lernen müssen!«

Er: »Du musst mich heiraten! Ich biete dir alles...«

Sie: »Was hast du denn schon zu bieten! Was bist du? Was kannst du? Was hast du? Einen uralten Gebrauchtwagen, eine billige Einzimmer-Altbauwohnung in einer schlechten Gegend, einen alten Fernseher, keinen PC, keinen DVD-Player! Wir Frauen lieben Professoren, Direktoren, Ärzte, erfolgreiche Kaufleute, höhere Beamte oder Lehrer – in dieser Reihenfolge etwa! Das stand sogar in einer großen deutschen Zeitung! Von Schlachterei-Fachgehilfen aber stand da kein Wort!

Bei dem Wort »große deutsche Zeitung« schreckte er plötzlich aus seinem tiefen Schmerz auf. Was bildete sich dieses dummerhaftige kurzhaarige Geschöpf eigentlich ein? Röte schoss ihm ins Gesicht, und schon sah er nur noch rot. Blutrot. Dann besann er sich auf seinen Beruf, und den Rest erledigte er mit einem ganz gewöhnlichen, aber rostfreien Messer. Am nächsten Tag stand in der Zeitung: »17jährige bestialisch ermordet!«

Sehen Sie – das hätte er nicht tun dürfen. Nicht bestialisch. Das war unfein von ihm. Ein derart unbesonnenes Auftreten befremdet uns Mitteleuropäer. Wir empfinden es als unfreundlich und ohne Stil, ja, als geradezu ungehörig und flegelhaft. Hätte der junge Mann ganz normal gemordet, so hätten wir es ihm nachgefühlt, und er hätte sich eben ein wenig außerhalb der Legalität bewegt. Anstatt jedoch maß zu halten, brauste er auf und zog es vor, bestialisch zu morden.

Früher war das ganz anders. Da mordete man, und damit hatte sich die ganze Angelegenheit. Heutzutage braucht man nur einen kurzen Blick in die Zeitungen zu werfen, und schon weiß man, was die Stunde geschlagen hat: Die geschichtliche Entwicklung des Mordes tendiert zum Negativen hin. »Deutscher Schäferhund bestialisch ermordet!«, »Bestialische Bluttat an 72jährigem Partygirl!«, »Deutscher Lustmörder bestialisch erstochen!«, »121. bestialischer Mord in Frankfurt!« – und so geht es weiter. Man kann die Zeitungen als statistische Grundlage nehmen und stellt dann fest, dass heutzutage bereits rund 60 Prozent aller Morde bestialisch ausgeführt werden. Wobei noch die »Dunkelziffer« hinzukommt, die Zahl jener Morde, die bestialisch ausgeführt wurden, obwohl jedermann glaubte, es handele sich um einen ganz gewöhnlichen Mord.

Das sollte uns nachdenklich stimmen. Früher mordete man nüchtern, sachlich und zielbewusst. Der Vorgang als solcher genügte und befriedigte den Mörder. Heute aber arbeitet man immer gleich mit Messer, Säge, Beil, Gift oder Pistole. Und immer gleich so entsetzlich tödlich. Wo bleiben da Humanität und Anstand? Welcher Mörder lächelt heutzutage noch vorher sein Opfer an, macht ein kleines Witzchen, das Niveau hat, und sorgt für lockere, gelöste Atmosphäre? Welcher Mörder bringt kurz vorher sein Mitgefühl zum Ausdruck und entschuldigt sich? Kaum einer unter tausend! Höflichkeit wird heutzutage unter Mördern klein geschrieben. Und wie kommt das?

Die Wissenschaftler behaupten, dass im Zeitalter der Globalisierung, der Mechanisierung, der Automatisierung und kühlen Versachlichung der gewöhnliche Mord schon aus dem Grund kaum noch Anhänger findet, weil der Mörder von heute sich gegen eben diese sachlichen Zwänge seiner Zeit auflehnt. Er selbst muss, eingezwängt in den Trott des Alltags, Tag für Tag nüchtern und sachlich vor sich hin leben. Deshalb mag er nicht auch noch sachlich morden. Und deshalb mordet er eben bestialisch.

Das ist natürlich keine positive Entwicklung. Und deshalb, meine ich, sollte jeder von uns in seinem Freundes-, Verwandten- und Bekanntenkreis darauf hinwirken, dass die Mörder gar nicht erst anfangen, bestialisch zu morden. »Keep smiling beim Killen!« sollte unser aller Motto sein. Und vielleicht werden wir dann eines Tages erleben, dass nicht mehr in der Zeitung steht: »... bestialisch ermordet!«

## Mein erstes Interview

»Verstehen Sie was von Kunst?« fragte mich mein Chef.

»Klar, Boss!« sagte ich. »Schon als Kind habe ich mich leidenschaftlich für Gartenzwerge begeistert, und mein Urgroßvater mütterlicherseits war kurzfristig mit einer Dame vom Ballett verlobt!«

»Kennen Sie Müller?«

»Natürlich!« sagte ich. »Dieser Name ist mir seit langem ein Begriff!«

»Ich meine den stadtbekannten Kunstmaler Siggi Müller!« erläuterte mein Chef stirnrunzelnd.

»Ach der !« sagte ich leichthin. »Den kenne ich sehr gut! Wir sind alte Klassenkameraden!«

»Hmm!« sagte mein Chef mit abgrundtiefer Skepsis in der Stimme. »Siggi Müller wird nämlich heute achtzig Jahre alt, und aus diesem Grund wollen wir ein Interview mit ihm bringen. Sehen Sie mal zu, was aus ihm herauszuholen ist!«

+ + +

»Herzlichen Glückwunsch, Großmeister!« sagte ich und streckte dem Künstler freudig bewegt meine Hand entgegen.

»Großer Meister!« verbesserte mich Siggi Müller irritiert. »Großmeister ist ein Begriff aus der Schachwelt!«

»Ach, richtig!« erinnerte ich mich. »Aber Schach ist ja auch eine Kunst. Besonders das Gewinnen. Sie selbst spielen wohl kein Schach? Sie malen nur, wie?«

»Allerdings!« sagte der Meister mit leichtgerunzelter Stirn.

»Bilder wohl hauptsächlich?« stieß ich sofort nach.

»Wie bitte?« fragte der Meister irritiert.

»Ob Sie auch Bilder malen!« wiederholte ich meine Frage.

»Soll das ein Scherz sein?«

»Es hätte ja immerhin sein können!« versuchte ich den großen Meister zu besänftigen. »Aber Wände anmalen ist natürlich auch nicht einfach.«

Erst jetzt fiel mir auf, dass Siggi Müller auffallend

81

blass war. Sämtliche Farbe schien er in seinen Beruf investiert zu haben.

»Da, junger Mann!« sagte er schwer atmend und stieß eine Tür zum Nebenzimmer auf.

Zunächst nahm ich an, es handele sich um ein Tapetenmuster. Aber dann sagte mir mein ausgeprägter Kunstverstand sehr schnell, dass sämtliche Wände dicht mit Bildern behängt waren.

»Oje!« sagte ich »Mir geht es so ähnlich. Man weiß einfach nicht mehr, wohin mit dem ganzen Plunder!«

»Das alles sind Werke von mir!« sagte der Meister mit weitausladender Geste und sehr laut.

»Die haben Sie alle selbst gemalt?« staunte ich. »Mit der Hand? Und ganz allein? Am allerbesten gefällt mir das dort!« Ich wies auf ein in Arbeit befindliches Werk, das auf dem Tisch lag. Mir war völlig klar, dass man Zugang zur Seele eines begnadeten Künstlers nur dadurch erhalten konnte, dass man seine Kunstwerke auch gebührend zu würdigen wusste.

Siggi Müller lachte gequält auf. »Das ist meine Palette!« sagte er.

»Aha!« nickte ich betont fachmännisch »Die anderen Bilder sind aber auch nicht schlecht. Sie malen wohl sehr schnell?«

Der Meister überhörte das. »Sie sind ja wohl noch ein bisschen jung«, sagte er zögernd, »ich möchte ihnen dennoch exklusiv ein ganz großes Geheimnis verraten. Bitte schreiben sie: Ab heute werde ich keines meiner Werke mehr verkaufen! Kein einziges!«

»Aber wer wird denn gleich die Zukunft in so düsteren Farben an die Wand malen!« tröstete ich ihn voller Stolz ob dieses gelungenen Vergleichs aus der Welt der Malerei. »Kopf hoch! Es wird sich schon mal wieder ein Käufer finden!«

»Nein!« sagte Siggi Müller starrsinnig. »Es wird keine Käufer geben, denn ich werde künftig keines meiner Werke mehr verkaufen. Ich behalte alle für mich!«

»Kann man denn davon leben?« staunte ich fassungslos.

»Nein!« sagte der Künstler schlicht. »Aber man muss der Kunst eben Opfer bringen! Es ist spät, aber nicht zu spät! Das Genie eines begnadeten Künstlers sollte nicht käuflich sein wie der Leib einer feilen Dirne...«

»Herrlich!« jauchzte ich. »Einen Moment – mein Kugelschreiber funktioniert nicht!«

In gespannter Haltung wartete der Meister, bis ich meinen Ersatzkugelschreiber hervorgeholt hatte.

»... denn jedes Werk ist ein Spiegel meiner Seele! Ich verkaufe mein Innenleben quadratmeterweise! Jeder Abschied von einem Werk bedeutet den Abschied von meinem innersten Ich! Praktisch verabschiede ich mich laufend von mir selbst!«

»Großartig!« sagte ich, und mein Kugelschreiber huschte über das Papier. »Warum haben Sie den Verkauf Ihrer Bilder nicht schon vorher eingestellt?«

»Dann wäre ich nicht achtzig Jahre alt geworden!« sagte der Meister.

»Ihr Vorhaben grenzt also an Selbstmord?« fragte ich.

»Es ist ein bedingungsloses Sich-Hingeben an das Schöpferische im Menschen. Was bedeutet da schon Leben oder Tod! Im übrigen beziehe ich eine gute Rente. Aber das brauchen Sie nicht zu schreiben!«

»Und was machen Sie mit all den Bildern?«

»Ich hänge sie an die Wand. Mein Schwiegersohn ist Hausbesitzer!« erklärte Siggi Müller. »Haben Sie noch eine Frage?«

»Ja!« sagte ich. »Dürfen die Leute sich selbst aussuchen, wo oben und unten ist?«

»Wo oben ist, bestimme ich!« erklärte der Meister sehr bestimmt. »Was unten ist, überlasse ich dem Käufer!«

»Ich danke Ihnen für dieses Gespräch!« sagte ich.


## Fahrkartenkontrolle

»Kontrolle!« sagten die beiden Männer an der U-Bahn-Sperre. »Dürfen wir bitte Ihren Fahrausweis sehen!«

Als höflicher Mensch bin ich stets bemüht, meinen Mitmenschen gefällig zu sein, wenn sie mit einer Bitte an mich herantreten. Dennoch sieht man sich mitunter gezwungen, seine Mitmenschen zu enttäuschen.

»Meine lieben Herren!« sagte ich schmerzlich lächelnd. »Ich habe einen Personalausweis bei mir, einen Führerschein, einen alten Impfschein und die grüne Versicherungskarte. Dies alles steht zu Ihrer Verfügung. Aber einen Fahrausweis besitze ich leider nicht. Ich weiß nicht einmal, wie ein Fahrausweis aussieht, und ich bin auch bislang noch nie in die Verlegenheit gekommen, einen derartigen Ausweis beantragen zu müssen. Ich bin soeben mit einem der U-Bahn-Züge der hiesigen Verkehrs-AG hier eingetroffen, und zwar als Passagier, da mein Führerschein nur für Personenwagen gilt. Ich bin außerdem im Besitz eines Reisepasses, den ich aber bisher bei U-Bahn-Fahrten nicht benötigt habe. Dennoch dürfen Sie ihn gern sehen, wenn Sie Wert darauf legen!«

Eilfertig nestelte ich in der Innentasche meines Jacketts herum. Das Gesicht des größeren der beiden verfinsterte sich. »Ihren Fahrausweis wollen wir sehen!« sagte er mit leicht angespannter Stimme. »Ihren Ausweis für die U-Bahn! Bitte beeilen Sie sich! Wir haben noch mehr zu tun!«

Gekränkt erwiderte ich, er solle sich nur nicht durch mich davon abhalten lassen, andere Dinge zu erledigen, wenn sie ihm wichtiger erschienen. Ich persönlich sei jederzeit gern bereit, auf seine Dienste zu verzichten. Im übrigen zahle sich Hetze im täglichen Leben nicht einmal für die Lebensversicherungen aus. Und was den Fahrausweis betreffe, so sei ich bisher stets der Meinung gewesen, dass es ausreiche, eine nicht gerade geringe Gebühr zu entrichten, um die U-Bahn benutzen zu dürfen.

»Die Quittung!« schrie nun der kleinere Mann mit rotem Kopf und leicht erstickter Stimme. »Die Quittung für die Gebühr! Sie haben doch eine Fahrkarte bekommen!«

»Ach so!« atmete ich erleichtert auf. »Die Fahrkarte meinen Sie! Warum sagen Sie das nicht gleich!«

Ich war richtig froh. Mein bekümmertes Gesicht hellte sich zu einem strahlenden Lächeln auf. Die Brücke von Mensch zu Mensch war geschlagen. Sie meinten die Fahrkarte!

Eilig wühlte ich zunächst in meiner rechten, dann ängere Zeit in meiner linken Manteltasche herum.

Schließlich förderte ich die Fahrkarte aus der rechten Hosentasche zutage. »Bitte schön!« sagte ich stolz. Wie gut tut es doch, wenn man seinen Mitmenschen einen langgehegten Wunsch erfüllen kann. Und wie schön ist es, mit kaum verhohlener Genugtuung den Glanz der Freude und der Dankbarkeit auf dem Antlitz seines Nächsten verzeichnen zu dürfen. Allein das wiegt alle Mühsal auf, und fast ist es, als sei man selbst beschenkt worden.

»Das muss wohl ein Irrtum sein!« sagte der Große und räusperte sich. »Dieser Fahrausweis ist leider nicht mehr gültig!«

»Oh!« sagte ich verwirrt. »Entschuldigen Sie bitte. Dann ist es wohl eine alte Fahrkarte, nicht wahr?«

Nervös wühlte ich erst in meiner rechten, dann in meiner linken Hosentasche. Danach nahm ich mir die beiden äußeren Jackentaschen vor, durchsuchte die rückwärtigen Hosentaschen und inspizierte ohne Erfolg den Inhalt der inneren Jackentaschen. Ich fand die Fahrkarte in einer kleinen Tasche an der Jackettaußenseite. »So!«

86

sagte ich und wischte mir den Schweiß von der Stirn. »Da haben wir die Böse! Bitte schön!«

Die beiden Männer nahmen die Fahrkarte entgegen und studierten sie eingehend wie unsereiner die Speisekarte, wenn er nach einem preiswerten Gericht sucht. Ich trommelte unterdessen erregende Rhythmen auf das Geländer der Absperrung und beobachtete gespannt das bunte Treiben auf dem Bahnsteig. Es ist doch immer wieder angenehm, ein gutes Gewissen zu haben. Wie nervös wäre ich in dieser Situation gewesen, hätte ich ein schlechtes Gewissen gehabt!

Ich wippte energiegeladen mit dem rechten Fuß, wischte erneut den Schweiß von der Stirn, drehte mir gedankenverloren zwei Mantelknöpfe ab und begann die Eröffnungsmelodie der Stimme Afrikas zu trommeln. Schließlich soll man diesen Kontrolleuren ausreichend Gelegenheit geben festzustellen, dass alles seine Richtigkeit hat. Ich halte das für ein geradezu humanitäres Anliegen! Will man es verantworten, dass sie Tag für Tag untätig herumstehen und abends ihre schlechte Laune an den unschuldigen Angehörigen abreagieren? Natürlich müssen Kontrollen sein, wenngleich sie auch im Grunde genommen gar nicht nötig sind. Aber sind sie nicht nur deshalb unnötig, weil jedermann weiß, dass es sie gibt?

»Wir sind hier am Bahnhof Kellinghusenstraße!« sagte plötzlich der kleinere Kontrolleur und unterbrach abrupt den Höhenflug meiner Gedanken.

»Natürlich!« sagte ich begeistert. »Nett von Ihnen,

dass Sie es mir bestätigen. Der Bahnhof Kellinghusenstraße war genau mein Ziel. Ich bin überhaupt nur deshalb ausgestiegen, weil dies der Bahnhof Kellinghusenstraße ist. Ich wohne hier nämlich! Vielen Dank für Ihren reizenden Hinweis!«

»Sie haben aber nur bis Eppendorfer Baum gelöst!« sagte nun der Große.

»Entschuldigen Sie mal«, sagte ich leicht irritiert. »Weshalb soll ich wohl bis Eppendorfer Baum lösen, wenn ich doch zur Kellinghusenstraße will! Können Sie mir das einmal erklären?«

»Das ist nicht meine Aufgabe!« sagte der Große. »Tatsache ist, dass dieser Fahrausweis bis zur Zahlgrenze Eppendorfer Baum gilt, und Tatsache ist, dass Sie erst eine Station später, nämlich am Bahnhof Kellinghusenstraße, ausgestiegen sind!«

»Aber wie kann diese Fahrkarte nur bis Eppendorfer Baum gelten, wenn ich doch bis Kellinghusenstraße gelöst habe!« rief ich erregt.

»Können Sie das beweisen?« fragten die beiden Kontrolleure gleichzeitig.

»Muss ich erst Zeugen benennen, wenn ich U-Bahn fahre?« fragte ich zurück. »Ist ein Rechtsanwalt dafür erforderlich, ein Strafverteidiger vielleicht gar?«

»Nein«, sagte der kleine Kontrolleur. »Aber Sie müssen sich überzeugen, ob der Fahrausweis richtig ausgestellt ist!«

Allmählich wurde ich ärgerlich. »Sehen Sie sich doch diesen Wisch an!« – ich zeigte auf den Fahrausweis –

»Was gibt es da zu überzeugen! Kein Wort von Kellinghusenstraße oder Eppendorfer Baum. Statt dessen stehen sechs verschiedene Zahlen drauf! Muss man von Beruf Geheimschriftexperte sein, wenn man U-Bahn fahren will? Dann steht da, dass dieser Schein nach den
Beförderungsbedingungen ausgegeben ist. Steht es in
den Beförderungsbedingungen, dass man eine Fahrkarte
Eppendorfer Baum erhält, wenn man eine Fahrkarte bis
Kellinghusenstraße löst? Ist es meine Schuld, wenn der
Fahrkartenautomat sich geirrt hat? Ihn muss man zur
Rechenschaft ziehen, nicht mich!«

»Der Fahrkartenautomat«, winkte der Kleine ab, »ist
schließlich so programmiert, dass er die Fahrausweise
richtig ausstellt. Und außerdem könnte man ihm jetzt
keine Störung mehr nachweisen. Ich bekomme zehn
Euro von Ihnen wegen Verstoßes gegen die Beförderungsbedingungen!«

Damit waren wir beim eigentlichen Thema angelangt. Es ist immer dasselbe. Man kann sagen, was man
will – zahlen muss man am Ende doch. Resigniert leitete
ich den Rückzug ein.

»Ich habe kein Geld bei mir!« sagte ich trotzig, denn
meinen Zwanzig-Euro-Schein wollte ich nicht anbre-
chen.

»Dann kommen Sie bitte mit. Wir müssen Ihre Personalien aufnehmen, und Sie können das Geld per Post
überweisen!« Nun musste ich auch noch die Überwei-
sungskosten tragen.

Meine Rache war fürchterlich. Ich überwies nicht

zehn Euro, sondern zehn Euro dreiundzwanzig, genau dreiundzwanzig Cents zu viel. Und jedes Mal, wenn ich daran denke, wie die U-Bahn-Bosse mit ihren ganzen Computern und Buchungsmaschinen ratlos über meinen dreiundzwanzig Cents brüten und nicht wissen, was sie damit anfangen sollen, dann reibe ich mir schadenfroh die Hände und freue mich diebisch.


## Orden für den Schäfer

Ahnungslos wanderte ich eines Tages einen Nordseedeich hinunter in die erdrückende Weite des Watts hinein.

Da traf ich ihn. Dem Festland war eine Hallig vorgelagert, und als ich aus dem Watt hinaufkletterte, stand dort inmitten einer mittelgroßen Schafherde ein alter Mann – der Schäfer.

Er sah ganz normal aus. Nase, Mund und Ohren – alles saß am richtigen Fleck. Dennoch hatte man das unbestimmte Gefühl, dass hier irgend etwas nicht stimmte. Es fehlte etwas.

Ich grübelte darüber nach, was das wohl sein mochte, und schließlich fand ich eine Erklärung dafür.

»Guten Tag!« sagte ich aufgeregt. »Haben Sie etwa keinen Orden?«

Der Mann grüßte gemessen zurück »Einen was?« fragte er dann irritiert.

Ich wurde richtig fiebrig. Hier war ein Mann, den

es offiziell gar nicht mehr gab. Ganz offensichtlich handelte es sich um den letzten Menschen in Deutschland, der noch keinen Orden besaß.

»Einen Orden!« sagte ich. »Eine Auszeichnung! Eine Ehrung! Für besondere und ganz allgemeine Verdienste an die Brust zu heften oder um den Hals zu hängen!«

»Ich kaufe nichts!« sagte der Schäfer abweisend.

»Aber Orden braucht man doch nicht zu kaufen!« rief ich entzückt aus. »Die bekommt man umsonst! Gratis! Geschenkt!«

»Einem geschenkten Gaul schaut man nichts ins Maul!« sagte der Mann mit düsterer Stimme. »Haben Sie denn auch so was?«

»Aber natürlich!« sagte ich. »Jeder hat doch so was! Hier habe ich beispielsweise den bronzenen Familienorden. Ich bin nämlich zum fünften Male Onkel geworden. Dann hier das Treuekreuz mit Girlande, weil ich bereits seit über einem Jahr dem gleichen Betrieb angehöre. Das daneben ist das silberne Steuer zweiter Klasse, weil ich immer pünktlich meine Lohnsteuer entrichte, und dies hier ist das bevölkerungspolitische Verdienstkreuz mit Eichenlaub, weil ich mich bereiterklärt habe, innerhalb der nächsten zwanzig Jahre wenigstens einmal zu heiraten. Die anderen Orden liegen alle zu Hause. Man kann sie ja nicht immer mit sich herumschleppen!«

»Aber wofür soll ich denn einen Orden kriegen?« brummte der Schäfer und sah sich interessiert meine Sammlung an. »Ich habe doch mein Leben lang nichts anderes getan als Schafe gehütet!«

»Junge, Junge!« sagte ich und schnappte nach Luft. »Seien Sie bloß vorsichtig! Sie brauchen nur einen Augenblick nicht aufzupassen, und schon können Sie einen Ordenhandel aufmachen! Sie sind gut für mindestens einundzwanzig Orden! Können Sie schwimmen?«

»Nein!« sagte der Alte. »Ich gehe immer zu Fuß zum Festland!«

»Schade!« sagte ich. »Dann fällt das Freischwimmerkreuz am Band in Bronze für sie flach. Wie sind Sie denn bislang ohne Orden überhaupt zurechtgekommen? Haben Sie noch Freude am Leben? Ist es nicht deprimierend für Sie, dass Sie mit eigener Kraft um Ihre eigene Existenz kämpfen mussten und dafür noch nicht einmal ausgezeichnet wurden? Finden Sie nicht auch, dass jedes Leben ganz zwangsläufig an Sinn verliert, wenn die manuellen und geistigen Fähigkeiten nicht durch Orden gebührend gewürdigt werden?«

»Tscha!« knurrte der Alte vor sich hin. »Bevor Sie kamen, ging es mir eigentlich recht gut!«

»Aber Sie sind doch sicherlich auch der Ansicht«, fuhr ich unverdrossen fort, »dass Orden in einem demokratischen Staat insofern unerlässlich sind, als der Staatsbürger dadurch angespornt wird, seine Fähigkeiten sowohl quantitativ als auch qualitativ auszubauen?«

»Ähem!« räusperte sich der Schäfer und kratzte sich ratlos am Kopf. Dieser Mensch war offenbar noch so schlicht und unverbildet, dass man ganz schlicht und unverbildet mit ihm reden musste.

»Sind Sie verheiratet?« fragte ich daher elementar.

»Nein!« sagte er .

»Großartig!« rief ich begeistert. »Und wie lange schon nicht?«

»Zweiundsiebzig Jahre!«

»Mensch!« schrie ich. »Dann kriegen Sie das Durchhaltekreuz in Gold. Wie viele Schafe haben Sie denn?«

»Vierundsiebzig!« sagte der Schäfer.

»Gehören sie Ihnen?«

»Ja!«

»Herrlich!« rief ich. »Dann bekommen Sie das silberne Schaf in Bronze. Ab zweihundert in Silber! Sind Sie schon mal krank gewesen?«

»Keuchhusten und Schweißfüße!«

»Herzlichen Glückwunsch!« strahlte ich ihn an. »Dann erhalten Sie das zivile Verwundetenabzeichen mit Dufteinlage! Haben Sie schon mal mit einem Bundestagsabgeordneten zu Mittag gegessen?«

»Nein!« sagte der Schäfer. »Wir sind hier Notstandsgebiet!«

»Schade«, sagte ich. »Sonst hätten Sie den Silberlorbeer für politische Aktivität bekommen! Wie weit springen Sie denn?«

»Keine Ahnung!« bedauerte er und zuckte die Schultern. »Die Hallig ist man so klein!«

»Sind Sie denn kulturell interessiert?« forschte ich weiter. »Gehen Sie oft ins Theater? Für kulturelle Belange setzt sich unsere Regierung immer gern ein!«

»Tscha!« meinte der Alte. »Der letzte Fernsehkrimi war ja nicht doll!«

»Fantastisch!« jubelte ich. »Sie sind sogar kritisch eingestellt, ohne gleich gefährlich zu werden! Das gibt todsicher die Bronzemedaille für konstruktive kritische Einstellung! Außerdem leben Sie hier ganz allein – das Außenseiterkreuz am goldenen Zwirn. Sie betreiben Schafzucht und sorgen für Wolle, die wir viel billiger aus dem Ausland importieren könnten – das goldene Fass ohne Boden! Sie haben zwar keine Badewanne und kein WC, aber dennoch wenigstens ein Fernsehgerät – das silberne Kulturband. Mensch...« - ich steigerte mich richtig in Begeisterung hinein - »... Sie haben es hier herrlich! Sie leben so ruhig und abgeschieden, so naturverbunden. Und jetzt bekommen Sie auch noch Orden. Wie fühlen Sie sich? Können Sie Ihr Glück überhaupt fassen?«

»Lieber Mann«, sagte der Schäfer und spuckte in hohem Bogen auf den Halligboden. »Was ich bin, bin ich durch meine Schafe. Und deshalb bin ich erst dann glücklich, wenn alle meine Schafe mit Orden ausgezeichnet werden. Dafür, dass sie regelmäßig Wolle liefern und Junge werfen. Den Schafen gehören die Orden! Die haben es so und nicht anders verdient!«

## Rettet den deutschen Wald

Die Natur hat es nicht leicht mit uns Mitteleuropäern. Obwohl sie zuerst da war, ist sie – wenn man es sich recht überlegt – bei uns im Grunde nur noch geduldet. Deshalb haben es sich nach und nach eine ganze Reihe von Institutionen zur Aufgabe gemacht, die Natur in ihren vielfältigen Erscheinungsformen zu schützen. Und so hat nun auch der »Verein zum Schutze Deutschen Waldgutes e.V.« beschlossen, der Natur wieder zu ihrem Recht zu verhelfen, das deutsche Waldgut zu schützen und riesige Flächen anzulegen, in denen der deutsche Wald in seiner vollen Ursprünglichkeit, in seiner urwüchsigen Wildheit und seiner natürlichen Erhabenheit bewahrt bleiben soll. An dieser Ursprünglichkeit nun soll sich – damit der Mensch auch ein wenig davon profitiert, was der eigentliche Trick dabei ist – das gestresste Großstädterherz wieder aufladen. Der nahezu jeglichen Natureinflüssen entfremdete Großstädter von heute soll gewissermaßen in Natur baden und seine ausgelaugte Großstadtseele wieder auf natürliche Weise regenerieren.

Damit dieser Prozess nicht gar zu anstrengend verläuft, sollen durch die Natur solide Autostraßen aus erlesenem Öko-Asphalt führen, auf keinen Fall mehr als vierspurig versteht sich, um den Naturhungrigen die absolute Konzentration auf die Schönheiten der Natur auch über längere Strecken zu ermöglichen. Zahllose Raststellen mit kleinen Waldbars, Naturmärkten, Quellwasserangeboten, rustikalen Abfallkörben und mobilen Verkaufsständen, die zahlreiche Früchte des Waldes anbieten, sorgen für das leibliche Wohl der Zivilisationsmüden. Tausende von schmucken Schildern erläutern den Besuchern in vier Sprachen, was bewundernswert ist und warum. An lauschigen Plätzen aufgestellte

Öko-Lautsprecher klären die Waldhungrigen über die Geschichte und die Bedeutung des deutschen Waldes auf. Kinderspielplätze, Campinganlagen und Wellness-Center mit Swimming-Pools – sämtlich stilgetreu ausschließlich aus Material errichtet, das der deutsche Wald bietet – zählen zu den weiteren Attraktionen des neuen deutschen Waldes. In besonderen »Mowakis« (Motor-Wald-Kinos) werden speziell Wald- und Wiesenfilme aus dem Sommerschlussangebot garantiert deutscher Filmproduktionen gezeigt. Alle halbe Stunde finden unter Leitung von Originalwanderburschen Führungen statt, bei denen man Gelegenheit hat, fröhlich singend durch die Natur zu wandern. Originalwandertrachten aus den zwanziger Jahren (leihweise) sind im Preis ebenso inbegriffen wie Harmonika- und Gitarrenbegleitung oder die ebenfalls leihweise zur Verfügung gestellten Liederbücher mit altem deutschen Liedgut (»Wer hat dich, du schöner Wald...«).

Abends und nachts dagegen steht der neudeutsche Urwald gegen eine geringe Gebühr den zahllosen zivilisationsmüden Liebespärchen zur Verfügung, die sich dem Studium deutschen Waldgutes speziell im Dunkeln verschrieben haben. Zur Orientierung gibt es kreuz und quer durch den Wald gezogene bunte Lampionketten, die auch der Identifizierung eventuell verlorengegangener Partner dienen. Dezente Lautsprechermusik und mit Unterstützung des Familienministeriums an entlegenen Stellen fachkundig aufgestellte Bänke und

Lauben (aus dem Material des Waldes) sorgen für rechte Stimmung und lauschige Atmosphäre.

Aber auch tagsüber ist für die Fußgänger gesorgt. Waldstraßenbahnen halten an den markantesten Stellen der Waldanlagen, wo fesch gekleidete Waldstewardessen zum Verweilen einladen und bereit sind, als Waldfee die Stille des Waldes mit dem Besucher zu teilen. Die Industrie erklärte sich in anerkennenswerter Weise bereit, ebenfalls zum Gelingen des Projekts beizutragen. Milieugetreue CDs (die Deutschen Waldknäblein unter Stabführung von Kapellmeister Eduard Hirschhorn singen »Aus Deutschen Wäldern I – VIII«) sind an reizenden kleinen Waldmusik-Boxen erhältlich, in den zahlreichen Waldschänken gelangen Waldbock, Hirschsaft, Kastaniensprudel, Harzheimer Brechmittel und Waldrauschen mit Scharfschuss zum Ausschank. In den Einkaufszentren des Waldes dagegen erhält man schmucke Förstertrachten für den deutschen Waldjungen, handgefertigtes Originalbrennholz von hundertjährigen Eichen als Andenken für den Kamin, Waldstreichhölzer mit eingebautem Miniaturwaldbrand, Tannenbäume in allen Farben frisch vom Stamm in Frischhaltepackung für das nächste Weihnachtsfest, Harzer Liebesperlen zur Erinnerung an lauschige Waldnächte und schließlich Waldläufe für den müden Sportler, zehn Stück in einer Packung, als Attraktion der Sportmittelindustrie. An einer besonders dunklen beschaulichen Stelle des Waldes gelangen per Video zehnmal am Tag rührende Szenen zur Aufführung, in denen Förster von skrupellosen Wilderern bedroht werden, auf Freiland-Hühner umsteigen und zum Schluss doch die Richtige heiraten. Hier hat freundlicherweise die deutsche Filmindustrie Pate gestanden. Die Vorstellungen sind insbesondere der überwiegend wehrlosen Schuljugend von den Kulturministerien wärmstens empfohlen, da hier alte deutsche Volksbräuche lau aufgewärmt werden.

Schließlich – und wer könnte sie vergessen – gelangen natürlich auch die Tiere des Waldes zu ihrem Recht. Teils ausgestopft, teils auch noch lebend, sind sie mit umgehängten Schildchen – auf denen sie in Versform zoologisch eingestuft sind – in garantiert natürlichen Stellungen anzutreffen. Man kann sie aber, um sich den Weg zu sparen, auch schon in den Supermärkten des Waldes für billiges Geld zumindest ausgestopft kaufen und zu Hause an die Wand hängen, um auf diese Weise die Wohnung mit deutscher Waldatmosphäre zu füllen.

## Der Mann, der auf der Straße lacht

Stellen Sie sich eine typische Großstadt-Szene vor: Auf der Straße schieben sich die Autos in beiden Richtungen aneinander vorbei, die Bürgersteige sind voller Menschen: Jüngere, Ältere, mittlere Jahrgänge. Kleinere, größere, besser gekleidete, schlechter gekleidete. Auch sie schieben sich in entgegengesetzter Richtung aneinander vorbei. Und dennoch ist jeder der Meinung, er bewege sich vorwärts.

Aufmerksam machen möchte ich jedoch auf die Gesichter: Die meisten gucken gleichgültig, desinteressiert, einige verbissen, sogar böse, andere mürrisch, verärgert, manche gestresst, die meisten mit unbewegtem Gesichtsausdruck, starr blicken sie nach vorn und vor sich auf die Gehwegplatten. Jeder geht für sich, niemand registriert den anderen.

Und da kommt Ihnen ein Mann entgegen, mittleren Alters, der hebt den Kopf und lacht plötzlich hell auf – ein langes, fröhliches, unbeschwertes Lachen, das dann in ein seliges Grinsen übergeht. Und schon ist der Mann an Ihnen vorbei.

Sie bleiben verdutzt stehen und drehen sich um: Der Mann ist allein. Niemand geht neben ihm, der ihm vielleicht einen Witz hätte erzählt haben können. Auch sonst ist weit und breit kein Anlass zum Lachen zu sehen – etwa eine alte Frau, die auf der Straße stolpert. Oder eine jüngere Frau, der die Einkaufstüte platzt, woraufhin sich der Inhalt auf den Gehweg ergießt – man weiß ja, worüber wir Menschen so lachen. Aber es ist nichts dergleichen zu sehen. Und niemand von den anderen Passanten lächelt. Sie gucken mürrisch, desinteressiert wie zuvor, ihr Blick ist leer.

Nur einige wenige haben den lachenden Mann bemerkt – und diese blicken irritiert, unangenehm berührt, ungläubig und sogar verstört. Wir sind uns einig: Diese Szene mit dem lachenden Mann war einfach peinlich! Und jeder für sich, der diesen peinlichen Vorfall registrieren musste, weil er nicht rechtzeitig weggucken konnte, kommt für sich zu dem Ergebnis: Normal ist das nicht! Dieser Mann hat schlichtweg eine Macke!

Und sehen Sie – das ist das, was für unsere heutige Gesellschaft irgendwie typisch ist: Wenn jemand außerhalb des organisierten Lachens – etwa bei einer Comedy Show im Fernsehen oder im Karneval oder bei einem im kleinen Kreis erzählten Witz – lacht, dann fällt er auf. Und zwar unangenehm! Er macht sich ganz einfach verdächtig. Wie kommt der Kerl dazu, mitten auf der Straße laut zu lachen und danach auch noch blöd zu grinsen? Völlig klar – bei dem stimmt etwas nicht.

Man kann nicht einfach so lachen! Das Leben ist ernst! Wir alle haben Probleme! Wir machen uns Sorgen! Um uns selbst zum Beispiel. Und natürlich auch um unsere Nächsten. Bis auf die, die wir nicht mögen. Wir alle haben Probleme zu lösen, viele kleine und oft genug auch größere. In der Familie. Im Beruf. Oder auch in der Freizeit, die - seit es sie gibt – ebenfalls zu einem ernsten Problemfaktor geworden ist. Und dann kommt da irgend so ein Mensch und lacht plötzlich los. Ganz einfach so.

Nein! Das geht wirklich nicht! Nicht bei uns! Nicht in unserer Gesellschaft. Und schon gar nicht, wenn man ernst genommen werden will.

Soviel zu unserer Gesellschaft. Eigentlich schade!

## Der Agentenfilm

Kaum ist das Licht erloschen, der Vorhang aufgegangen, da sehen wir bereits einen prominenten Atomwissenschaftler erdolcht unter einem Brückenbogen am Ufer der Seine liegen. Eine alte Blumenfrau hat ihn entdeckt und ist noch ganz bleich vor Schreck.

Schließlich ist es erst drei Wochen her, dass sie – in einem anderen Agentenfilm – einen anderen Atomwissenschaftler erdolcht am Ufer der Seine aufgefunden hat.

»Verdammt!« sagt nun der grauhaarige Kommissar stirnrunzelnd. »Der eine Atomprofessor ist spurlos verschwunden, dieser hier ist erdolcht – wie gut, dass ich in der Schule in Physik immer so schlecht war!«

Unsereiner nimmt diese makabre Szene genüsslich schaudernd zur Kenntnis, ist froh, dass er im sicheren Kinosessel sitzt, und langt erwartungsvoll zitternd nach den Kartoffelchips.

Nicht so Jack Jefferson, Staragent der CIA.

Lässig betritt er die Breitwand und stellt sofort die entscheidende Frage: »Wer hat das gemacht?«

Niemand im Saal meldet sich. Uns stockt der Atem. Welch ein Mensch! Mit dem todsicheren Instinkt des Geheimdienstmannes hat Jack in Sekundenschnelle erfasst, worum es geht: Um den Täter nämlich und um nichts anderes!

Darauf wären wir von allein nie gekommen. Jetzt aber wissen wir es, und wir erwarten, dass Jack, der

Gangsterschreck, diesen Täter im Verlauf der nächsten neunzig Minuten zur Strecke bringt. Sonst verlangen wir unser Eintrittsgeld zurück.

Zugegeben: Diese Drohung belastet selbst einen Menschen wie Jack. Nervös spielt er an einem Tonbandgerät. Es ertönen einige belanglose Melodien. Und dann unvermittelt die brechende Stimme des erdolchten Professors: »Istanbul!«

Ein Wort nur. Aber was könnte die Macht des gesprochenen Wortes besser demonstrieren: Jack gerät sofort in Bewegung, rast zum Flugplatz, springt in die nächste Maschine und jagt los.

Schon aus diesem Grunde könnte ich nie und nimmer Staragent der CIA sein. Ich bin notfalls bereit, meinen eigenen Wagen zu steuern, falls ich denn den Wagenschlüssel finde und Benzin im Tank ist. Ein Flugzeug aber würde ich selbst als Passagier nur ungern betreten, weil meine Scheu vor allen technischen Dingen sehr groß ist.

Jack Jefferson ist da viel unbekümmerter.

Kaum in Istanbul angelangt, stürzt er sich in den erstbesten Wagen und rast los zur Istanbuler Zweigstelle der CIA.

Ich habe so etwas einmal versucht, als ich ganz dringend zum Flughafen musste. Ich stürzte aus der Kneipe heraus auf den erstbesten Wagen zu, wollte die Tür aufreißen und unverzüglich losbrausen.

Es scheiterte schließlich daran, dass die Tür abgeschlossen war. Auch vermisste ich den Zündschlüssel.

Anschließend kam noch ein Polizist und notierte sich meine Personalien, weil ich ihm verdächtig vorkam.

Jack ahnt von derartigen Schwierigkeiten nichts. Er ist bei der CIA-Filiale angelangt und findet seinen türkischen CIA-Gefährten erdolcht auf dem Boden liegend vor. Plötzlich ist Jack mutterseelenallein in der großen fremden Stadt. Keinen Menschen hat er nun, der sich um ihn kümmert.

Betrübt und ratlos zugleich wendet sich Jack Jefferson langsam um, macht einen blitzschnellen Salto rückwärts, prallt von der Wand ab, schnellt den linken Fuß und die rechte Faust gleichzeitig vor, entreißt dem Dunkelhäutigen, der sich gerade mittels eines Dolches um ihn bemühen wollte, mit den Schneidezähnen die Waffe, knotet des Meuchelmörders linkes Bein um dessen Hals, stopft ihm den schmutzigen rechten Fuß in den Rachen und lässt den Bösen elendiglich an seinem eigenen Fuß ersticken.

Man sieht daran, wie wichtig es ist, dass sich immer wieder Leute wie Jack Jefferson finden, die für einen geregelten Ablauf der Handlung sorgen. Ich beispielsweise wäre spätestens am Salto rückwärts gescheitert, da schon eine Kniebeuge mich in schwere Bedrängnis bringt. Der Dunkelhäutige hätte seinen Dolch in aller Seelenruhe in meinen Rücken gepflanzt, und der Film hätte vorzeitig abgebrochen werden müssen.

Jack Jefferson jedoch wischt sich nur gelangweilt den Schmutz des Gangsters von den Händen und verlässt den Raum. Der Film läuft weiter. Wie zufällig steht

unten auf der Straße eine rassige, bildhübsche Schwarzhaarige neben einem schneeweißen Sportwagen. Kaum
erblickt sie Jack, stößt die dumme Pute einen spitzen
Schrei aus, springt in den Wagen und braust durch das
Verkehrsgewühl ab.

Ganz klar, dass Jack nun stutzig wird. »Da stimmt
doch was nicht!« denkt er, springt auf eine Straßenbahn,
deren Fahrer gerade ausgestiegen ist, um über die Eman-
zipation der Frau zu diskutieren, und jagt hinterher.

Jack scheitert zunächst an der Endstation, da es hier
unwiderruflich nicht mehr weitergeht. Dann aber steigt
er geistesgegenwärtig auf ein Motorrad um, das ganz
zufällig startbereit und vollgetankt an der Endstation
steht, jagt weiter, bis der Tank leer ist, und bedient sich
schließlich auf einsamer Landstrasse eines Tretrollers,
den der Sohn eines türkischen Großgrundbesitzers am
Feldrand hat liegen lassen.

Heftig tretend kommt Jack gerade noch rechtzeitig,
um anhand der Spuren feststellen zu können, dass die
schwarzhaarige Schöne in einer scharfen Kurve in den
zufällig bereitstehenden Abgrund gerast ist. Leblos liegt
sie nun unten neben dem völlig zertrümmerten Wagen.

Jack steigt hastig in den Bagger einer benachbarten
Kiesgrube, fährt hart an den Rand des Abgrunds und
holt die Schwarzhaarige mit dem Greifer heraus. Sie lebt
und blickt ihren Retter zwar wortlos, aber dafür voller
Leidenschaft an. Offensichtlich empfindet sie jetzt etwas
für ihn.

Für mich ist dies einer der entscheidenden Momente

des Films überhaupt. Die Frage ist: Kann Jack ihr widerstehen oder verfällt er ihr hemmungslos? Für mich persönlich wäre die Sache klar gewesen. Ich hätte Film Film sein lassen und schweren Herzens darauf verzichtet, diesem prachtvollen Weib zu widerstehen. Ich hätte ihr glutvolle Küsse möglicherweise sogar auf die Stirn gehaucht und im äußersten Notfall einen Heiratsantrag gemacht.

Auch Jack scheint sehr schwer mit sich zu kämpfen, aber die umsichtige Regie hat für diesen Fall bereits vorgesorgt: Eine Maschinengewehrgarbe peitscht durch das Tal und enthebt Jack Jefferson einer möglicherweise falschen Entscheidung. Die Schöne sackt in sich zusammen, ich bin wie gelähmt, Jack zuckt hoch und rollt wie ein nasser Sack den Abhang hinunter. Unten zeigt sich, dass Jack seine unheimlichen Gegner nur getäuscht hat: Er ist völlig unversehrt und untersucht interessiert einen Höhleneingang in der Felswand.

Er klettert hinein. Kein Laut. Alles dunkel. Dann lockt dumpfes Stöhnen unseren Jack in einen Seitengang. Angekettet liegt hier der spurlos verschwundene Atomprofessor. Auch er ist an und für sich erdolcht worden, hat jedoch mit Rücksicht auf den weiteren Filmverlauf mit dem Sterben gewartet, bis Jack auftaucht. Nun stöhnt er nur noch: »Gleich ist es zu spät!« Und haucht sein Leben aus.

Jack zieht eine Maschinenpistole aus dem linken Ohr und stürmt vorwärts. In der Nähe ertönt ein Hilfeschrei. Ich selbst hätte eine Falle gewittert und wäre –

mit Rücksicht auf meine Familie – um keinen Preis hingegangen.

Jack jedoch kennt weder Rücksicht noch Familie, hat dafür aber einen siebten Sinn, der vollautomatisch bei jeder Falle klingelt. »Dies ist keine Falle!« klingelt der Sinn, und Jack stürmt also dorthin, wo der Schrei ertönte.

Es ist tatsächlich eine Falle. Fünf grauenerregende Gestalten mit formlosen Gesichtern stürzen sich von allen Seiten auf Jack. Jack schießt, schlägt, stößt, tötet sie alle fünf. Dahinter stehen zehn weitere furchterregende Gestalten. Jack schießt mit Händen und Füßen sowie aus dem rechten Ohr, tötet sie alle und stürmt ins Chefzimmer.

Überrascht erhebt sich jene alte Blumenfrau aus dem Sessel, die in Paris schluchzend vor der Leiche des erdolchten Atomprofessors gekauert hatte. Der Schein trog seinerzeit: Dieses Weib ist in Wirklichkeit ein verkleideter Mann! Heimtückisch schielend entreißt er Jack die Pistole, feuert auf ihn, doch geistesgegenwärtig hält Jack sein kugelsicheres Taschentuch davor und erschießt den Gangster mittels einer durchbohrten Gaspistole, die er in seine rechte Augenbraue eingebaut hat.

Sterbend, aber triumphierend erklärt der Unterweltler, dass der Traum seines Lebens dennoch in Erfüllung gehen werde: In einer Sekunde werde eine Atomrakete aus den unterirdischen Gewölben aufsteigen und die Erde vollständig vernichten.

Jack erklärt daraufhin ungerührt, Träume seien bekanntlich Schäume und unterbricht kaltblütig das Countdown, indem er die elektrische Sicherung herausdreht. Die Menschheit ist nunmehr gerettet.

In diesem Moment betritt die Schwarzhaarige die Höhle. Sie war vorhin gar nicht getroffen worden (erleichtert seufze ich auf), und nun stellt sich außerdem heraus: In Istanbul hatte sie nur deshalb geschrieen, weil ihr plötzlich eingefallen war, dass sie im Landhaus ihrer Eltern die Kartoffeln auf dem Herd vergessen hatte. Jetzt fällt ihr zusätzlich ein, dass ihre Eltern hoch versichert sind, dass das Landhaus fern und Jack sehr nahe ist.

Jack, der Lüstling, macht sich unverzüglich daran, meine Gedanken von vorhin bezüglich der Schönen in die Tat umzusetzen, ich tobe vor Eifersucht, und in diesem Moment blendet die freiwillige Filmselbstkontrolle ab.

Die Vorstellung ist beendet.

*IV. Kapitel:*
*Die schönste Zeit des Jahres*

## Träumereien nach dem Urlaub

Fast alles im Leben muss man lernen. Das Alphabet. Schwimmen. Das Einmaleins. Höflich sein, Zähneputzen und den Mund halten. Die Höhe vom Montblanc, Autofahren und einen oder mehrere Berufe.

Nur Urlaubmachen – das darf man nicht lernen müssen, das muss man gleich können. Es gibt keine Vorbereitungszeit und keine Trainingsstunde. Keine Lehre und keine Abschlussprüfung. Im Urlaubmachen muss man ein Naturtalent sein, oder man hat Pech gehabt.

Dabei ist der Urlaub anerkannt wichtig.

Er soll Leib und Seele wieder zusammenflicken. Er soll die von der Raspel des Alltags aufgerauten Nerven glätten und zur Freude der Umwelt gleichsam blank polieren. Er soll den Menschen von den Schlacken des täglichen Trotts befreien, ihn von Grund auf überholen, mit Farbe versehen und überlackieren, so dass der Mensch wieder aussieht wie neu. Zur Freude der Familie und des Arbeitgebers.

Der Urlaub ist also wirtschaftlich, soziologisch und psychologisch ein erstrangiges Problem.

Aber, wie nimmt man sich seiner an? Sorglos, unüberlegt, ja, geradezu fahrlässig. Ohne Anlaufzeit wird man hineingestürzt in den Urlaub, ohne Vorbereitung, ohne Eingewöhnung. Gestern noch arbeitete man verbissen den Urlaub vor, heute schon soll man sorglos in den Tag hinein urlauben.

Was macht man, wenn man nichts machen soll?

Kollegen, Nachbarn, Freunde, die traute Umgebung und all die zahllosen kleinen Gewohnheiten - plötzlich sind wir ohne sie. Hilflos wie ein Neugeborenes wird man unvermittelt in eine fremde Welt gesetzt.

Man sollte dafür sorgen, dass jedem Staatsbürger Gelegenheit geboten wird, sich ausreichend Routine im Urlauben zu erwerben.

Angebracht wäre eine längere Vorbereitungszeit, eine Ausbildung gewissermaßen. Eine Lehrzeit von, sagen wir, drei Jahren mit Hauptfächern wie Urlaubsmathematik (»Wie komme ich mit dem Geld aus«), Urlaubshistorie (»Schon die alten Römer...«), praktische Übungen (»Scheckheft raus, Sonnenbrille auf«) sowie schließlich mit den Unterweisungen an Ort und Stelle in den schönsten Urlaubsgegenden der Welt.

Die Lehrzeit findet dann ihren Abschluss mit der Abschlussprüfung in Form eines dreiwöchigen Urlaubs, in dem der Prüfling nachzuweisen hat, dass er künftig den Anforderungen der »schönsten Zeit des Jahres« theoretisch und praktisch gewachsen ist.

Mit dem Abschlusszeugnis in der Tasche ist der Absolvent zur Durchführung eines gewöhnlichen Urlaubs dritter Klasse berechtigt.

Ihm stehen jetzt die Möglichkeiten offen, den alten Beruf wieder aufzugreifen oder jedoch fortführende Urlaubsinstitute zu besuchen.

Das Urlaubsgymnasium etwa oder die »Hochschule für nach wissenschaftlichen Gesichtspunkten praktizierten Urlaub«, so dass der Studierende anschließend in der

Lage ist, selbst längeren Urlaub gestalterisch zu bewältigen.

Es versteht sich, dass als Lehrkräfte für Institute dieser Art nur Urlaubsprofis, Kapazitäten auf dem Gebiet des Urlaubens also, in Frage kommen. Persönlichkeiten, die dem Urlaub ohne Rücksicht auf Familienleben und sonstige persönliche Interessen in aufreibender Tag-und-Nacht-Arbeit Jahre ihres Lebens geopfert haben. Hochstehende, geistig profilierte Menschen, die der Arbeit schweren Herzens für immer entsagt haben, um unter unsäglichen Strapazen die mannigfaltigen Probleme des Urlaubs zum Wohle der Menschheit in ihrer unermesslichen Tiefe auszuloten.

Der aufopferungsvollen Tätigkeit dieser Großen des Urlaubswesens haben wir kleinen Urlauber bereits eine wichtige Erkenntnis zu verdanken: Man sollte auf die Arbeit nicht völlig verzichten.

Denn wie das Loch erst durch die umgebende Materie zum Loch wird, so wird auch der Urlaub erst durch die Arbeit zum richtigen Urlaub.

## Tourist in Bethlehem

Wir standen vor der Geburtskirche in Bethlehem. »Sprächen daitsch särr schläckt, nix gutt, Inglisch matsch bätter,« klärte der arabische Fremdenführer gebärdenreich unsere Reisegesellschaft über seine Sprachkenntnisse auf. Die entschuldigende Handbewegung des Arabers endete in einer weitausholenden Geste, die uns gebot, bitte möglichst schnell die Kirche zu betreten, damit nicht unnötig Zeit vergeudet werde.

»Eine interessante Sprache, dieses Arabisch«, sagte ein Tourist vor mir verwundert zu seinem Nachbarn. »Aber ein bisschen gequält«, meinte der andere. »Ich kenne in Deutschland Araber, die wesentlich fließender Arabisch sprechen.«

Dieses kleine Gespräch kostete uns wertvolle Sekunden. Wir kamen gerade rechtzeitig um zu sehen, wie unser Araber mitten in einem der fünf Kirchenschiffe eine Holzklappe wieder auf den Boden herunterließ. »Darunter befindet sich ein nicht mehr ganz neues byzantinisches Mosaik«, teilte uns einer der schnelleren Reisegefährten streng vertraulich mit.

Ich warf einen kurzen, aber interessierten Blick nach oben in das Kirchengewölbe. Dieser bodenlose Leichtsinn hätte mich fast den Anschluss an unsere Reisegesellschaft gekostet. Nur dank eines genialen Starts unmittelbar aus dem Stand heraus und eines geradezu atemberaubenden Spurts gelang es mir, die Gruppe noch einmal zu erreichen. Sie eilte gerade im Laufschritt an einem Altar vorbei.

Der Spurt hatte mich meine Sonnenbrille, einen Kamm, die Sonnenblende für meinen Fotoapparat und die neueste Ausgabe der »Jerusalem Post« gekostet. Nervös blickte ich mich um. Wenigstens die »Jerusalem Post« hätte ich ganz gern wiedergehabt. Das aber war mein entscheidender Fehler. Als ich nach vorn sah, war die Gruppe verschwunden. Ich war mutterseelenallein.

Jetzt war nicht mehr länger Zeit, verlorengegangenen Wertgegenständen nachzutrauern. Künftig in Europa leben oder aber im Orient verschollen bleiben – das war für mich die Frage. In Sekundenschnelle zog mein ganzes Leben an mir vorbei. Das erste gute Schulzeugnis, die Tanzstunde, ein Urlaub in Kopenhagen – und jetzt die weinenden Kinder daheim, eine schluchzende Gattin, eine Versicherung, die erst im Falle meines nachweislichen Ablebens zu zahlen bereit sein würde.

Dann die kopfschüttelnden Nachbarn. Mitmenschen, die das gleich gesagt hatten: dieser Perick – ein unzuverlässiger Mensch im tiefsten Grunde seiner schwarzen Seele. Die erstbeste Chance schon nutzt er, um sich seinen Pflichten als Familienvater zu entziehen.

Und noch schlimmer: was erwartete mich in diesem Land? Eine finstere Zukunft bestenfalls als ungelernter Gastarbeiter. Des Arabischen nicht mächtig, zu gebrauchen weder als Teppichknüpfer noch als Kameltreiber, verwöhnt und verweichlicht. Vielleicht würde ich niemals wieder in meinem Leben fernsehen können. Und wenn, dann würde ich es nicht verstehen können, weil man hier natürlich nur arabisches Fernsehen hat. Nie wieder deutsches Fernsehen?

Diese Aussicht machte mich hellwach. Von Entsetzen geschüttelt, raste ich an betenden Mönchen und üppig verzierten Pfeilern vorbei. Laut sämtliche arabischen Fremdenführer verfluchend, prallte ich gegen drei, vier

Menschen vor mir. Es waren Touristen. Aber fremde. Eine andere Reisegesellschaft.

Rücksichtslos arbeitete ich mich durch die Gruppe hindurch, die andächtig ihrem Führer lauschte. Eine widerlich phlegmatische Gesellschaft, unberührt offenbar von der rasanten Entwicklung unserer Zeit, träge, unbeweglich und verstockt. Diese unverschämten Menschen taten gerade so, als sei es das Natürlichste auf der Welt, Zeit zu haben.

Ich trat wild um mich, ließ meine Arme wirbeln, demonstrierte die beiden ersten Kapitel meines Karate-Taschenlehrbuchs und hinterließ eine Spur des Grauens. Es ging um meine Zukunft. Ich stürzte eine schmale Kellertreppe hinunter, nutzte den Schwung, um sechs Mitglieder einer weiteren Reisegesellschaft von den Beinen zu holen. Kreischende Weiberstimmen, entsetzte Mönche, verblüffte Touristengesichter. Ich stieß sie alle zur Seite, sprang über sie hinweg, kämpfte mich durch die enge Krypta hindurch, schoss auf der anderen Seite wieder hinauf, landete im Kirchenraum – meine Reisegesellschaft war und blieb verschwunden. Der Führer war schneller als ich.

Ich verfluchte ihn, seine Eltern, seine Großeltern, seine sämtlichen Kinder und deren künftige Ehegatten, raste durch Kreuzgänge, Innenhöfe, Kapellen, und dann – hatte ich es geschafft! Der arabische Führer stand an einem Tor und wartete auf mich. Freundlich lächelnd wies er mir den Weg. Nun würde auch ich eingeweiht werden in die intimsten Einzelheiten dieses gewaltigen historischen Bauwerks. Ich war erleichtert und froh zugleich.

Man muss es den Orientalen lassen. Sie sind nicht nur schnell. Sie sind auch höflich und zuvorkommend. Sie leisten etwas für ihr Geld. Sie sind charmant und aufmerksam. Der Dienst am Kunden ist für sie eine Selbstverständlichkeit.

Ich folgte der ausgestreckten Hand des Arabers, landete merkwürdigerweise auf der Straße, erhielt sofort einen kräftigen Stoß in den Rücken, zahllose Arme streckten sich mir auf der anderen Straßenseite hilfreich entgegen, und schon stand ich in einem Souvenirladen.

Arabische Verkäufer umschwärmten mich, breiteten kostbare Gewänder vor mir aus, Armbänder, Halsketten, Postkarten, Abbildungen der Geburtskirche in Holz, Marmor und Silber, Puppen, Amulette, Tücher... ich drehte mich um und stürzte aus dem Raum, ohne etwas gekauft zu haben. Vor der Tür stand der Fremdenführer, verwünschte mich, meinen Geiz, meine Frau, meine Kinder, meine sämtlichen Vorfahren. Und obwohl er weder deutsch noch englisch sprach, konnte ich es diesmal gut verstehen. Nicht wörtlich, aber sinngemäß.

## Taxifahrt durch Beirut

Mein Freund Marcel und ich steigen in eines der Taxis, die uns am Boulevard des Mazraa abwartend wie die Geier umkreisen.

»Place des Martyrs«, sagt Marcel. Der Fahrer nickt, legt den ersten Gang ein und fährt an. Dann sagt Marcel: »Ein Pfund fünfzig« und meint damit den Fahrpreis in Landeswährung.

Die Augen des Taxifahrers weiten sich in jähem Entsetzen, und er tritt auf die Bremse, dass wir an der Frontscheibe landen. »Drei Pfund und keinen Piaster weniger!« schreit er empört.

Marcel bricht in Hohngelächter aus. »Du willst wohl für die nächsten zwanzig Jahre den Staatshaushalt sanieren. Ein Pfund fünfzig und keinen Piaster mehr.«

Der braunhäutige Sprössling des libanesischen Berglandes bricht in Tränen aus. »Ich habe zwölf Kinder. Ich muss meine Frau, meine Eltern, meine Schwiegereltern, einen angeheirateten Onkel, zwei verwitwete Tanten, drei Neffen, eine Großmutter sowie eine alte Frau ernähren, die sich schon vor Jahren bei uns eingenistet hat. Drei Pfund brauche ich.«

Marcel bleibt ungerührt. »Einsfünfzig. Sonst suchen wir uns einen Taxifahrer mit drei Kindern und ohne alte Frau.«

Unser Taxifahrer macht uns mit der Bilanz der letzten fünf Jahre vertraut. Das ganze sei für ihn ein Zuschussgeschäft, und er mache das ohne Rücksicht auf die eigene Person nur im Interesse seines Landes, im Hinblick auf die Förderung des Fremdenverkehrs. Drei Pfund sei ein großes Geschenk, und wir hätten alle Veranlassung, ihm Zeit unseres Lebens dankbar zu sein.

Marcel ist undankbar.

»Zwei Pfund«, sagt er. »Und wenn wir nicht bald fahren, zahlen wir nur noch die Hälfte.«

Jetzt wird unser Taxiguerilla ernstlich böse. Wir seien widerspenstige, selbstsüchtige und missratene Geschöpfe Allahs, nicht wert, den Zauber des Orients auf uns einwirken zu lassen. »Drei Pfund oder aussteigen«, sagt er schließlich erzürnt.

Das ist eine Alternative. Ich blicke Marcel an, aber Marcel bleibt hart. »Gut«, sagt er gelassen. »Dann steigen wir eben aus.«

Marcel steigt aus. Ich steige aus. Wir greifen zu den Türen, um sie hinter uns zuzuschlagen.

»Okay«, tönt es aus dem Inneren des Wagens. »Zwei Pfund zum Place des Martyrs und keinen Piaster mehr.«

Wir steigen wieder ein, und ich erwarte einen gebrochenen Menschen hinter dem Steuer. Der elastische Sohn der Souks ist jedoch fröhlich und guter Dinge. Er fragt, ob wir schon in Baalbek gewesen seien, ob ich Schwede sei und ob er uns ein gleichermaßen gutes wie preiswertes Lokal nennen dürfe. Er erklärt uns seine Bereitschaft, byzantinische, römische und altägyptische Münzen zu einem Spottpreis zu verkaufen. Sein drittältester Sohn sei persönlich hinuntergetaucht und habe sie den Tiefen des Mittelmeeres entrissen.

Während Marcel noch ablehnt, tritt der späte Nachfahre Mohammeds scharf auf die Bremse, stoppt und bedeutet uns mit einer Stimme, in der der geballte Händlergeist vergangener Generationen des Libanon mitschwingt, wir würden jetzt zu einem sehr guten Freund fahren, der handgeknüpfte Orientteppiche zu einem derart niedrigen Preis an uns abzutreten bereit sei, dass wir versprechen müssten, dieses unglaubliche und einmalige Angebot keinem anderen Menschen zu verraten. Es bestehe nämlich die Gefahr, dass sein Freund sonst derart von Käufern überschwemmt werde, dass er seines Lebens nicht mehr froh werden könne.

Wir lehnen erneut ab und beteuern bereitwillig, keinem Menschen auch nur ein Sterbenswörtchen von seinem Teppichhändler-Freund zu verraten. Währenddessen bemühen wir uns mit dem Mut der Verzweiflung, den gestählten Fuß des Nachfahren altehrwürdiger Kameltreiber vom Bremspedal zu lösen. Doch der ungekrönte König der Beiruter Taxifahrergilde bleibt Sieger. Er langt in ein Fach seines Gefährts und zieht zwei kleine Tonkrüge heraus.

»Antik«, sagt er. »Ein Geschenk für meine beiden besten Freunde.«

Wir beglückwünschen ihn und beneiden seine Freunde, bis wir merken, dass er uns meint. »Nur zehn Pfund das Stück. Sie sind sechsmal so viel wert«, sagt die Inkarnation orientalischer Händlergesinnung.

Ich glaube mich in diesem Augenblick erinnern zu können, die gleichen Krüge einen Tag zuvor in einem Beiruter Töpferladen gesehen zu haben. Frisch aus der Hand des Meisters orientalischer Töpferkunst kosteten sie dort drei Pfund das Stück. Allerdings waren sie zu diesem Zeitpunkt noch nicht antik, ein Zustand, den

Gegenstände im Orient bisweilen im Überschalltempo erreichen.

Wir lehnen dankend das Angebot ab und erklären, wir würden uns wie räudige Schakale vorkommen, sollten wir für derart kostbare Stücke einen derart lächerlich geringen Preis entrichten. Der wendige Ernährer einer siebenundzwanzigköpfigen Familie erklärt sich daraufhin bereit, uns entgegenzukommen und unverzüglich den Preis heraufzusetzen, um unser Gewissen nicht auf derart nichtswürdige Weise zu belasten, doch in geradezu unorientalischer Hast erinnern wir den Führer durch Beiruts großstädtische Gassen daran, dass wir ursprünglich ein ganz bestimmtes Fahrziel, nämlich den Place des Martyrs , im Auge gehabt hätten.

Leicht indigniert entsinnt sich nun auch der Hüter byzantinischer Händlertraditionen und setzt unvermittelt zu einem jener gefürchteten, in der Beiruter Taxiwelt üblichen Spurts an, die in jeder europäischen Großstadt unverzüglich mehrere Menschen das Leben kosten würden. Die Beiruter Bürger hingegen begegnen den Praktiken ihrer Taxifahrer mit genialem Augenmaß und dramatischer Sprungtechnik, wodurch eine offene Konfrontation bis auf zwei Zehntel Millimeter ermöglicht wird, ohne dass Fußgänger oder Taxi Schaden erleiden.

Während unser Taxitreiber sich unter souveräner Anwendung einer in Deutschland weitgehend unüblichen Mischung von Links- und Rechtsverkehr permanent hupend mit kreischenden Bremsen zwischen Autos, Bussen und Fußgängern hindurchschlängelt, zählt er uns die unermesslichen, im Grunde kaum bezahlbaren Vorteile seines Wagens auf. Radio, Scheibenwaschanlage, Bremsen, Aschbecher, Heizung – alles sei in Ordnung. Wir hätten insofern Grund, auf den Komfort dieses Wagens stolz zu sein und sollten uns glücklich schätzen, ein derart üppig ausgestattetes Gefährt benutzen zu dürfen.

Den unausweichlichen Verkehrstod vor den erschreckten Augen, sind Marcel und ich in diesem Augenblick bereit, alles zuzugeben. Wir gestehen dem Taximenschen zu, er verfüge über das komfortabelste Fahrzeug, das zu benutzen wir in den letzten zehn Minuten Gelegenheit gehabt hätten. Zufrieden lächelnd, den an uns vorbeihuschenden Straßenverkehr mit morbidem Blick streifend, lehnt sich unser Taxibändiger in seinem Sitz zurück. »Okay«, sagt er. »gutes Taxi. Sehr gutes Taxi. Zwei Pfund zwanzig und zwei Zigaretten.«

Empört fahren Marcel und ich hoch. Das sei entgegen allen Abmachungen, und wir würden ab sofort und endgültig auf seine Dienste verzichten.

In diesem Moment tritt der braunhäutige Fürst der Beiruter Taxiunterwelt erneut auf die Bremse. »Okay«, sagt er mit dem strahlendsten Lächeln der Welt. »Da sind wir. Place des Martyrs. Zwei Pfund und keinen Piaster mehr!«

## Kamelmarkt in Djemmal

»So viele Kamele an einem Ort haben Sie noch nicht
gesehen«, versprach unser Reiseleiter vieldeutig, als der
Bus an einem Mauerwerk vor den Toren des Fleckens
Djemmal ausrollte. Es standen bereits sechs Busse dort,
und als wir ausgestiegen waren, entdeckten wir zunächst
ausschließlich Touristen, die sich die Hälse verrenkten,
um etwaige Kamele zu erspähen.

Ich schöpfte Mut, als ich nach geraumer Zeit inmitten des Touristengewühls auf einen ersten Einheimischen stieß, der in seine Djeba, den weißen Umhang,
gehüllt am Boden hockte und den Besuchern Wandtep-
piche anbot. Auf diesen Wandteppichen waren stilisierte
Kamele abgebildet, und damit befanden wir uns also
eindeutig auf den Spuren der gesuchten Tiere.

Wir drängten durch ein Tor auf einen weiten, von
hohen Mauern umstandenen Platz, und hier saßen die
Araber zuhauf in blaue und graue Kittel oder weiße Um-
hänge gekleidet, rote Filzkappen oder aus Handtüchern
gewickelte Turbane auf dem Kopf. Sie schrieen ihre Waren aus, feilschten erbittert und diskutierten heftig. Sie
boten Linsen, Melonen, Tomaten, Pfefferschoten, Kus-
kus und verschiedenste Gewürze an. Den Markt von
Djemmal hatten wir erreicht. Es fehlten nur noch die
Kamele.

Ich entdeckte das Tier wenig später in einem ver-
steckten Winkel. Es war genau genommen ein Dromedar und brüllte wie ein Löwe, vielleicht aus Angst vor

den heranstürmenden Touristen. Mittels zahlreicher in einem Fernkurs erworbener und geschickt angewandter Judogriffe arbeitete ich mich systematisch nach vorn. Der Besitzer des Tieres drückte gerade den umstehenden Vertretern des Abendlandes ein Seil in die Hand, das ihn mit dem Wüstenschiff verband. Das galt jedes Mal als dankbares Fotomotiv, und Touristen wie Dromedar zogen damit gewissermaßen an einem Strang, wenn auch in entgegengesetzter Richtung. Als unsichtbarer Dritter zog zugleich der Besitzer des Dromedars mit, denn er verlangte für das fotogene Seilhalten 70 Millimes, wovon er zweifellos eine zahlreiche Verwandtschaft mühelos zu ernähren vermochte.

Auch ich riss mit dem sicheren Instinkt des routinierten Touristen meine Kamera ans Auge, um das hochmütige Haupt des umworbenen Dromedars auf den Film zu bannen. Durch den Sucher sah ich jedoch zu meinem Erstaunen anstelle des Tieres das beturbante Haupt eines runzligen Orientalen. Er gehörte gar nicht dazu, hatte aber dennoch seine Hand demonstrativ auf das Dromedar gelegt und starrte nun trinkgeldheischend in die Kamera. Dafür wollte er fünfzig Millimes haben.

Ich wich geschickt aus und versuchte das Tier vom hinteren Ende her aufzunehmen. Durch den Sucher aber erblickte ich erneut den Araber, der mit seinem 50-Millimes-Lächeln in die Linse blickte. Nacheinander bemühte ich mich, die Zähne des Dromedars, seine Flanken, den Höcker, die Vorderfront und die Kniegelenke aufzunehmen. Jedes Mal hatte ich den flinken

Sohn Allahs vor der Kamera, der offenbar zu den beweglichsten Exemplaren seiner Gattung gehörte. Leicht verärgert gab ich mein Bemühen um das Tier auf, und in diesem Moment sagte jemand »neunzig« zu mir.

Das war das Stichwort. Handeln war mir in Fleisch und Blut übergegangen, seit ich in einem Geschäft in Kairouan für zwei Silberarmbänder jenen Preis entrichtet hatte, mit dem sie ausgezeichnet waren. Der Verkäufer war seinerzeit aus diesem Anlass so unvermittelt in Ohnmacht gefallen, dass ich unwillkürlich bereits die verschiedenen Wiederbelebungsmethoden zu rekapitulieren begann. Als er wieder zu sich gekommen war, hatte mir der braunhäutige Hermes angegriffen lächelnd fünfhundert Millimes zurückgegeben. »Eine Geste des Dankes einem geliebten Gast gegenüber«, sagte er schwer atmend in der blumigen Sprache der arabischen Bazarhändler und meinte damit nichts anderes, als dass ich den harten Anforderungen der orientalischen Verkaufstechniken auf hoffnungslose und mitleiderregende Weise unterlegen sei.

Seitdem handele ich stets unerbittlich. Wenn mir jemand fünfzig Euro zurückgeben will, handele ich auf vierzig Euro herunter, wenn ich morgens um sieben Uhr aufstehen muss, werde ich nicht vor acht Uhr wach.

Auch diesmal sagte ich instinktiv »dreißig«, als der Mann neben mir »neunzig« forderte. Erwartungsgemäß zuckte der Nachkomme Mohammeds heftig zusammen und konterte, »fünfundachtzig« sei ein Geschenk, das kein Mensch gesunden Verstandes und mit dem Verantwortungsgefühl eines arrivierten Familienvaters ablehnen könne.

Ich bot dennoch kaltblütig »fünfunddreißig« , und der weißgewandete Bürger Djemmals schlug in echter Verzweiflung die Hände über dem Kopf zusammen. Das werde, jammerte er, nicht nur seine Familie, sondern darüber hinaus auch sämtliche anderen Familien der weiteren Umgebung ruinieren, da deren Geschicke auf unentwirrbare Weise miteinander verbunden und verflochten seien. »Achtzig« sei sein allerletztes Angebot, das jedoch bereits entschieden am Lebensnerv dieses Landstrichs nage.

Ich entgegnete mit der kühlen Distanz eines Menschen, dessen Geschicke nicht unmittelbar von dem bevorstehenden Geschäft abhängig sind, mein Einfluss als Einzelbürger auf das durchschnittliche Einkommensniveau seines Landes sei leider nur begrenzt. Ein Preis von »vierzig« – und das sei mein allerletztes Angebot – reiche ohne Zweifel aus, dass er sich vorübergehend aus dem Geschäftsleben zurückziehen und einige Monate der beschaulichen Ruhe frönen könne.

Als ich angesichts dieses Angebots in den braunen Augen meines Gegenübers fassungslose Ablehnung aufglimmen sah, drehte ich mich brüsk um, aber wurde im selben Moment von einer unerklärlichen Kraft zurückgehalten. Diese Kraft entpuppte sich bei näherem Hinsehen als der magere, aber sehnige braune Arm meines Verhandlungspartners. »Fünfundsiebzig«, röchelte er in kaum verhohlener Feindseligkeit. »Fünfundsiebzig, und dann will ich Sie nie wiedersehen.«

Nach einem längeren und heftigen Streit, in dessen Verlauf er meine sämtlichen Vorfahren beleidigte und ich ihm hemmungslose Geschäftsgier und den räuberischen Instinkt eines streunenden Schakals vorwarf, einigten wir uns schließlich auf »sechzig«, woraufhin mir mein Geschäftsfreund mit hasserfülltem Blick eine Leine in die Hand drückte, an deren anderem Ende zu meinem Erstaunen das Dromedar hing.

Nun, die anderen Touristen hatten für das Leinehalten siebzig Millimes bezahlt. Daher kramte ich voller Genugtuung die sechzig Millimes aus meiner Tasche hervor.

In diesem Augenblick jedoch drangen von allen Seiten laut schreiend zahllose Orientalen auf mich ein. Gemeint seien, bedeuteten sie mir, selbstverständlich sechzig Dinare, und ich hätte soeben für diesen geradezu lächerlich geringen Preis das Kamel – ein relativ junges Tier mit ausgezeichnetem Fell, kräftigen Zähnen und großer Zukunft – käuflich erworben. Jetzt sei es mein.

Sechzig Dinare! Sowohl ich als auch mein Urlaubsetat gerieten unverzüglich heftig ins Wanken. Ich erwog einen Moment lang, meinen Beruf aufzugeben, Einheimischer zu werden und künftig für den Rest meines Lebens für das Halten der Kamelleine siebzig und für ein fotogenes Grinsen fünfzig Millimes zu fordern. Doch schließlich siegten die Vernunft sowie der arabische Reiseleiter, der auf schneller Abfahrt bestand und mir unmissverständlich zu verstehen gab, dass für Kamele dieser Art im Bus kein Platz mehr sei.

Ich verkaufte daher das Tier meinem Geschäftspartner für fünfundfünfzig Dinare zurück, nicht ohne darauf hinzuweisen, dass es in Wirklichkeit – was er mir bestätigen werde – mindestens neunzig Dinare wert sei und er infolgedessen ein Bombengeschäft gemacht habe, das einen erheblichen Beitrag zur Erhöhung des Bruttosozialprodukts seines Landes darstellen dürfte. Im übrigen möge er bitte von dem Differenzbetrag einen Fonds für alle jene Touristen errichten, die beim Feilschen mit einheimischen Bürgern eine entscheidende Niederlage hätten einstecken müssen.

## Höhlenmalereien

Vier Stunden lang war seinerzeit der deutsche Gelehrte Professor Kühn vom kleinen ostspanischen Dorf Albocacér aus zu Fuß gegangen, um die berühmten prähistorischen Felsmalereien im Valltorta-Tal an Ort und Stelle studieren zu können.

Als auch wir, von glühender Sonne ausgedörrt, das Valltorta-Tal unmittelbar vor uns hatten, stürzten wir mit dem Schrei »Wasser« auf den Lippen zum Fluss hinunter.

Dort stellten wir enttäuscht fest, dass dieser Fluss gar kein Fluss war, sondern nur die Vorspiegelung eines Flusses, ein Fluss ohne jegliche Feuchtigkeit, völlig ausgetrocknet, deprimierend wie eine Bierflasche ohne Inhalt.

Am anderen Ufer des Flussbettes ragte eine Felswand steil empor. In dieser Wand sahen wir einige freiliegende Felsnischen – die berühmten Höhlen des Valltorta-Tales.

»Die Bilder befinden sich oft an heute fast unzugänglichen Stellen«, hatte einmal ein Wissenschaftler über die Höhlen geschrieben.

Während der nächsten Viertelstunde wurden wir pausenlos an die präzisen Feststellungen dieses klugen Mannes erinnert.

Dann endlich hatten wir den Aufstieg geschafft. Ich schloss die Augen.

Die unscheinbare Felsnische vor uns barg also das Geheimnis unserer Vorfahren. In dieser Höhle trat die Menschheit hervor aus dem Dunkel der Vorgeschichte in das gleißende Licht unseres geschichtlichen Daseins. Hier war der prähistorische Augenblick nacheiszeitlichen Jägerlebens, in Malereien erstarrt, zu Ewigkeit geworden. Blitzlichter aus vorgeschichtlicher Finsternis, kündend von Menschen anonymer, längst versunkener Generationen, hatten die Jahrtausende überdauert, um uns jetzt Rede und Antwort zu stehen.

Ergriffen öffnete ich die Augen.

Als erstes sah ich riesige unbeholfene Lettern, die sich quer über die Felswand zogen.

Es war mir völlig klar: Unseren prähistorischen Vorvätern, die sich mit wilden Mammuten und grimmen Bären herumzuschlagen hatten, fiel mit ihren groben, verarbeiteten Händen das Schreiben naturgemäß nicht leicht.

Ich las: »Miguel Fernandez«, »Maria Galdos de Burgos« sowie »Carlos Berillo«.

»Sieh mal einer an!« sagte ich erstaunt. »Gar nicht so primitiv, die Alten. Schon damals also hatten sie Namen. Vor- und Zunamen sogar. Verständlich einerseits – denn wie sonst hätten die Urmenschen wissen sollen, wer sie eigentlich waren!«

In diesem Moment riss der spanische Führer mich jäh aus meinen Träumen.

»Touristen!« erläuterte er verbittert und wies auf die Namen. »Sie haben hier alles vollgeschmiert!«

Schockiert wandte ich meine Aufmerksamkeit mehreren prähistorischen Flecken auf der Felswand zu. Sie bestachen gleichermaßen durch die abstrakte Art der Darstellung wie durch die erregend phantasievolle thematische Durchdringung und waren überraschenderweise ganz in Weiß gehalten.

Der stark ausgeprägte Hang zum Mystischen in den Seelen unserer Vorväter hatte hier offensichtlich seinen bezaubernden Niederschlag gefunden.

Der spanische Führer bemerkte meinen versonnenen Blick.

»An diesen Stellen haben die Touristen die besten Malereien herausgemeißelt!« sagte er. »Die Löcher haben wir mit Gips ausgefüllt!«

Ernüchtert rieb ich mir die Augen und starrte fragend die Felswand an. Doch fortan verweigerte sie jede Auskunft. Außer den Namen und den Gipsflecken konnte ich am Felsen nichts auffälliges mehr entdecken.

Nun wurde der Spanier aktiv. Mit einem feuchten Schwamm wischte er in kühnen Zügen die Felswand entlang. Der Felsen wurde feucht und dunkel. »Da!« Der Spanier zeigte auf eine bestimmte Stelle in der Felswand. »Ein Bogenschütze! Dort der Kopf! Da die Beine! Und das ist der Bogen mit dem Arm!«

Ich riss die Augen weit auf, und es gelang mir schließlich, in der Felsstruktur eine kleine unbedeutende Verfärbung zu erspähen.

»Die Menschen werden häufig nur angedeutet«, hatte ich in einem Werk über die ostspanischen Höhlenmalereien gelesen. Jedoch war die Kunst des Andeutens offenbar in derart extreme Bereiche vorgestoßen, dass man überhaupt nichts mehr sehen konnte.

Der Spanier betupfte eine andere Stelle mit dem Schwamm. »Ein fliehender Hirsch!«

Diesmal schien der Fels leicht rötlich verfärbt zu sein, und ich erinnerte mich des Höhlenbuches: »Die Auflösung zu schemenartigen Gebilden ist hier sehr weit fortgeschritten.«

Im speziellen Fall des fliehenden Hirsches hatte die Auflösung offensichtlich bereits die Endphase erreicht.

Der Spanier versuchte uns zu trösten. Als die Höhlen 1917 entdeckt wurden, erklärte er, waren die Malereien so frisch, als seien sie erst am Tag zuvor gemalt worden (was aber keineswegs der Fall gewesen sei!).

Doch unsere Zeit vernichtet nicht nur. Sie schafft auch Ersatz.

Als wir, erschöpft vom Rückmarsch, auf die Stühle des Gasthauses in Albocacér sanken, sahen wir, was wir in den Höhlen hätten sehen können, wenn etwas zu sehen gewesen wäre: Nach den Motiven aus den Valltorta-Höhlen waren die Tapeten des Raumes von oben bis unten mit jenen für die Levantekunst typischen stark stilisierten, strichmännchenartigen Jägern bemalt – festgehalten im Sprung, im Lauf, beim Bogenschießen, beim Speerschleudern.

Und diese Malereien wenigstens waren tiefschwarz und ganz deutlich sichtbar.

## Der Besuch des Japaners

Wir lernten ihn in Spanien kennen, als wir im Schatten eines Baumes an einem der zahllosen ausgetrockneten Flüsse saßen und eine Flasche preiswerten Weines tranken.

Ein Autobus fuhr vor, hielt, und es stiegen – ein etwas unerwarteter Anblick – einige Dutzend Chinesen aus.

Das heißt, vielleicht waren es auch Vietnamesen. Oder Koreaner. Oder Thailänder.

Da sie jedoch alle in gleichgeschnittenen Anzügen gleich grauer Farbe herumliefen und auch sonst recht uniformiert wirkten, war uns sehr schnell klar, dass wir Chinesen vor uns hatten.

Offensichtlich zur Kontaktfreudigkeit angehalten, steuerte einer von ihnen auf uns zu und fragte auf spanisch, ob es uns denn hier gefalle und aus welcher Gegend dieses Landes wir stammten.

Wir sagten ihm, wir hätten seinerzeit das Unglück gehabt, in den klimatisch unwirtlicheren Regionen Europas geboren zu sein, und er meinte darauf hin, er und seine Leute hätten gleich den Eindruck gehabt, dass wir Franzosen oder gar Engländer seien.

Wir erklärten ihm nun auf Englisch, wir seien Deutsche, und wie es denn Mao Tse-tung gehe.

Er sagte, darüber könne er uns zu seinem größten Leidwesen keine Auskunft erteilen, denn sie alle seien Japaner, aber seines Wissens sei Mao Tse-tung schon lange tot.

Wir versuchten ihn zu trösten und sagten ihm, wenn er jemals nach Hamburg käme, würde er uns eine sehr große Freude bereiten, wenn er uns mit dem Glanz seiner Anwesenheit auszeichnen und uns also besuchen würde.

Der Japaner strahlte über das ganze Gesicht und sagte, das sei »very nice«, denn sie würden demnächst auf ihrer Europareise auch nach Hamburg kommen.

Wir strahlten zurück und gaben ihm unsere Telefonnummer.

Als wir wieder zu Hause waren, klingelte eines Abends bei uns das Telefon: Der Japaner. Er sagte, er sei »very glad«, sie seien nun also in Hamburg, und er würde sich sehr freuen, wenn wir uns sehen könnten.

Ich erklärte ihm, ich ginge dem gnadenlosen Beruf eines Journalisten nach und sei im Moment leider völlig unabkömmlich. Ab elf Uhr abends aber sei ich frei, und es wäre mir eine große Freude, dann mit ihm zusammentreffen zu dürfen.

Der Japaner war untröstlich. Sie alle seien, sagte er, in der Jugendherberge untergebracht und daher gezwungen, bereits abends ab elf Uhr zu schlafen.

Ich bedauerte das sehr heftig und schlug den nächsten Vormittag vor. Der Japaner sagte tieftraurig, ausgerechnet am Vormittag müssten sie drei Schulen, einen Kindergarten, den Hafen sowie den Rathausturm besichtigen, und außerdem sei noch ein Empfang. Nachmittags aber habe er viel Zeit.

Das war mir entsetzlich unangenehm, denn nachmittags musste ich wieder arbeiten.

Schließlich einigten wir uns auf den Abend. Ich versprach, ihn bis um neun Uhr abzuholen, und lud schnell drei Onkel, vier Tanten, mehrere Cousinen und einige Freunde ein. Die langjährige Gefährtin meines Lebens klärte zudem telefonisch unsere gesamte Umwelt auf, dass wir morgen Abend einen lebenden Japaner bei uns zu Gast hätten.

Doch am nächsten Tag häuften sich die Ereignisse, und als ich schließlich schweißtriefend in der Jugendherberge anlangte, war es bereits dreißig Minuten nach neun. Der Japaner war nicht mehr da. Das war mir fürchterlich peinlich. Sicherlich war er nun tödlich beleidigt. Vielleicht war es für die ganze Reisegesellschaft eine Beleidigung.

Schnell schrieb ich einen Brief: Ich sei »so sorry«, es sei eben ein verdammter Beruf, er möge doch, bitte, verzeihen und bei mir zu Hause anrufen.

Zu Hause aber saßen derweilen Verwandtschaft und Freunde, warteten gebannt auf den Japaner, waren maßlos enttäuscht und schauten mich lange Zeit sehr missbilligend an.

Dann klingelte das Telefon. Der Japaner. Er sagte, er sei ebenfalls »so sorry«, aber er habe nicht da sein können, weil die ganze Gesellschaft plötzlich einer Einladung des japanischen Konsuls habe nachkommen müssen.

Ich schöpfte Hoffnung und schlug leichthin vor, er solle doch jetzt noch schnell vorbeikommen.

Zutiefst bewegt meinte der Japaner, leider sei es gerade elf Uhr, und nun müsse er ganz schnell schlafen. Die Bräuche seien nun einmal so streng. Am nächsten Morgen aber, zwischen neun und zehn Uhr, habe er viel Zeit, da die Maschine erst um elf Uhr vom Flughafen starte.

Hocherfreut lud ich ihn zum Frühstück ein. Auch er verlieh seiner großen Freude Ausdruck und sagte, er sei sehr froh, mit uns sprechen zu können, denn er habe ein kleines Geschenk für uns und wolle nicht versäumen, es uns zu überreichen. Hastig besorgten wir uns ebenfalls ein kleines Geschenk.

Am nächsten Morgen klingelte das Telefon. Der Japaner wünschte uns einen guten Morgen und sagte, er sei so unendlich betrübt. Seine Gesellschaft habe beschlossen, das Gepäck schon in aller Frühe zum Flughafen zu bringen, und nun könne er natürlich nicht kommen. Ab zehn Uhr aber habe er ganz bestimmt Zeit.

Verzweiflung im Herzen teilte ich dem Japaner mit, dass ich ausgerechnet um zehn Uhr an einer wichtigen Konferenz teilnehmen müsse.

Voller Gram einigten wir uns dahingehend, dass – wenn auch das Schicksal gegen uns sei – wir doch wenigstens einander schreiben sollten.

So tauschten wir unsere Adressen aus.

Erst später – als ich feststellte, dass die auf Einwickelpapier geschriebene Adresse des Japaners versehentlich weggeworfen worden war – fiel mir plötzlich ein, dass ich meine Adresse unvollständig angegeben hatte. Zwar hatte ich Stadt, Stadtteil, Straße und Hausnummer durchtelefoniert. Aber meinen Namen hatte ich vergessen.

## V. Kapitel:
## Nils Perick und die Frauen

## Nils Perick und die Frauen

Niemand kann mir nachsagen, dass ich etwas gegen Frauen habe. Gut, ich bin kein sehr mutiger Mensch, und vor manchen Frauen hätte ich sicherlich noch mehr Angst, wenn ich sie noch näher kennen würde. Aber diese sind, weltweit gesehen, doch eine verschwindend geringe Minderheit. Die meisten Frauen kennt man ja gar nicht. Dennoch bin ich mir der Bedeutung der Frau in unserer menschlichen Gesellschaft in jedem Augenblick voll und ganz bewusst. Und dazu stehe ich!

Ich habe auch schon sehr viel über die komplexen Beziehungen zwischen Mann und Frau gelesen. Man hat von dem permanenten Spannungsverhältnis zwischen den Geschlechtern gehört, und auch das Fernsehen bringt einen da ja sehr viel weiter. Man weiß, dass man viel Ärger vermeiden kann, wenn man abends bei einem Bier oder auch einem Glas Wein allein vor dem Fernseher sitzt. Es ist doch herrlich, wenn einem auf dem Bildschirm die Probleme zwischen Mann und Frau – oder meinetwegen auch umgekehrt – in den verschiedensten Bereichen menschlichen Beisammenseins fast hautnah vorgeführt werden und das Bier trotzdem noch schmeckt. Es stört mich auch gar nicht, wenn auf dem Bildschirm manche Frauen besonders attraktiv sind. Die Wirklichkeit soll ja oft ganz anders aussehen, und man weiß, dass es in diesem Gewerbe eigens Profis gibt, die dafür bezahlt werden, dass sie diese Frauen so attraktiv herrichten. Auf jeden Fall sitzt man vor dem

Fernseher auf der sicheren Seite, weil die Frauen weit genug weg sind und man auf diese Weise auch vor den Waffen der Frau sicher ist.

Das soll natürlich nicht heißen, dass ich nicht voller Bewunderung den Kampf der Frauen um Rechte verfolge, deren Existenz uns Männern in den meisten Fällen gar nicht bewusst ist. In manchen politischen Parteien zum Beispiel - und ich weiß, wovon ich rede - hat man versucht, diese Rechte über die sogenannte Quotenregelung durchzusetzen. Ich habe es selbst vor Ort erlebt und habe gesehen, wie schwer es die Frauen in vielen Fällen tatsächlich haben: Da saßen neun Menschen zusammen, und es sollten unter ihnen sieben Funktionen besetzt werden, davon drei mit Frauen. Das ganze scheiterte daran, dass leider keine Frau da war. Also wurden Frauen in Abwesenheit nominiert, bei denen sich dann aber herausstellte, dass sie gar nicht nominiert werden wollten.

Ich erwähne diese Problematik nur um zu zeigen, wie schwer die Frauen es hatten und zum Teil auch heute noch haben, obwohl wir Männer im Grunde genommen doch meistens wirklich guten Willens sind. Ich zum Beispiel kenne manche Frau, deren Abwesenheit ich aus vollem Herzen zu entschuldigen bereit wäre.

Aber auch sonst ist meine Beziehung zu Frauen nahezu völlig normal. Erst kürzlich sah ich eine Frau am Straßenrand stehen – also, sie war nicht mehr ganz jung, aber doch immerhin wesentlich jünger als ich. Sie hatte Jeans an, sicherlich irgendwelche Markenjeans, ich kenne mich da leider überhaupt nicht aus, dazu eine Jeansjacke. Lange, glatte, leicht rötlich-blonde Haare fielen ihr über die Schultern, während der Wind mit ihnen spielte, obwohl ich persönlich auch gegen brünette oder schwarze Haare nichts habe. Aber was mich faszinierte, war die Art, wie sie sich bewegte: sparsame, fast anmutige, reizvoll-beherrschte Bewegungen, obwohl sie im Grunde genommen die meiste Zeit auf der Stelle stand...

Doch dann kam plötzlich der Bus, sie stieg ein und entschwand damit für immer aus meinem Leben.

Davon einmal abgesehen, hört und liest man immer wieder, dass es sehr viele nette Frauen gibt. Klar, dass man sie nicht alle kennen kann. Dazu sind es einfach zu viele. Aber es soll auch sehr leidenschaftliche Frauen geben, wie man es gelegentlich im Film oder im Fernsehen sieht.

Dagegen ist nun überhaupt nichts einzuwenden, denn gerade das trägt ja dazu bei, das Spannungsverhältnis zwischen den Geschlechtern so unendlich vielfältig, so komplex und erregend, ja, in dem einen oder anderen Fall sogar beglückend zu gestalten.

Auch ich bin im Grunde ein durchaus – wer mich kennt, glaubt es nicht – sinnlicher Typ. Das wurde mir erstmals so richtig bewusst, als im Kreuzworträtsel die Frage auftauchte – nein, nicht nach einem Käsegericht, nicht nach einer nordafrikanischen Hauptstadt und auch nicht nach einem Nachtvogel mit drei Buchstaben. Nein, gefragt wurde nach »Sinnlichkeit«. Mit sechs Buchstaben. Mit einem »E« vorn und einem »K« hinten.

Und auch, wenn die Frage vielleicht nicht gerade präzis formuliert war, so zeigte sich doch in diesem Augenblick blitzartig, welch ein Vulkan im Grunde genommen in meinem Inneren tobt. Denn ganz spontan, ohne auch nur eine Sekunde mit Nachdenken zu verschwenden, ohne zu zögern schrieb ich heißen Herzens das Wort »Erotik« in die Felder.

Und es stimmte! Genau das hatten die gemeint!

In solchen Augenblicken, meine ich, offenbart man sein Innerstes, offen und unverfälscht. Eine solche spontane Reaktion sagt alles über die tatsächliche intensive seelische Gefühlsstruktur aus, die ganz eindeutig ein Brückenschlag zu diesen so geheimnisvollen und meist so fernen Wesen weiblichen Geschlechts ist.

So viel zum Thema »Nils Perick und die Frauen«.

## Immer Ärger mit den Uhren

»Aufstehen!« ruft die langjährige Gefährtin meines Lebens. »Es ist schon zwölf nach sieben. Wir schaffen es nicht mehr.«

»Meine Güte«, knurre ich verschlafen in die Kissen. »Es ist nicht zwölf, sondern erst fünf Minuten nach sieben.«

»Meine Uhr zeigt aber zwölf Minuten nach sieben.«

»Du kannst mich nicht für das verantwortlich machen, was deine Uhr zeigt«, erkläre ich mürrisch und bemühe mich, den Schlaf aus den Augen zu reiben. »Ich richte mich nach meiner Uhr und nicht nach anderen Uhren. Man soll sich ja auch nicht nach anderen Frauen umsehen, wenn man eine eigene hat. Außerdem habe ich meine Uhr gestern Abend nach dem Radio gestellt.«

»Und ich habe meine nach dem Fernsehen gestellt«, triumphiert die Gefährtin meines Lebens. »Deine Uhr geht zu langsam!«

»Wieso geht meine Uhr zu langsam?« beginne ich mich allmählich zu erregen. »Meine Uhr kann so langsam gehen, wie sie will. Wenn du eine schnellere Uhr brauchst, nimm doch deine eigene!«

»Blödsinn«, sagt meine Gefährtin. »Jetzt verreden wir die kostbare Zeit und wissen immer noch nicht, wie spät es ist.«

»Doch«, sage ich. »Es ist acht Minuten nach sieben.«

»Nein. Es ist fünfzehn Minuten nach sieben!«

»Gut«, erkläre ich. »Befragen wir einen Unparteiischen. Sieh doch einmal nach unserer Küchenuhr.«

Die Gefährtin meines Lebens kehrt zurück und hält sich am Türpfosten fest. »Wir sind verloren«, sagt sie mit dumpfer Stimme. »Die Küchenuhr zeigt sieben Uhr einundzwanzig. Jetzt haben wir drei verschiedene Zeiten.«

»Zeit ist eben relativ«, versuche ich sie zu trösten und gehe anschließend sofort in Deckung, weil sie in wildem Zorn ein nasses Handtuch nach mir schleudert.

»Was heißt hier relativ«, schreit sie. »Ich will wissen,

wie spät es ist! Das ist doch wohl wirklich nicht zu viel verlangt.«

Ich bin kein Prinzipienreiter. Wenn es darum geht, einen Menschen glücklich zu machen, bin ich jederzeit bereit, in meinen Ansichten zurückzustecken. »Gut«, sage ich also. »Schließen wir einen Kompromiss. Ich verzichte auf meine eigene Uhrzeit, wir disqualifizieren die Küchenuhr und du wirfst deine Armbanduhr in den Mülleimer. Stattdessen halten wir uns an deinen elektrischen Wecker. Elektrisch ist zuverlässig. Elektrizität hat noch nie versagt, es sei denn, bei Stromausfall oder die Sicherung brennt durch. Was zeigt dein elektrischer Wecker – sieben Uhr achtundzwanzig. Siehst du, es ist jetzt sieben Uhr achtundzwanzig. Vergiss alle anderen Uhren!«

»Nein« schluchzt nun die Gefährtin meines Lebens verzweifelt auf. »Diesen Wecker können wir nicht nehmen. Das ist unmöglich.«

»Aber wieso denn nicht?«

»Ich habe ihn gestern acht Minuten vorgestellt, um noch ein wenig Spielraum zu haben.«

Meine Geduld ist gelegentlich grenzenlos. »Nun gut«, sage ich beschwichtigend. »Dann ziehen wir eben die acht Minuten wieder ab. Es ist also sieben Uhr zwanzig.«

»Aber nein! Es ist alles so entsetzlich kompliziert. Der Wecker verliert nämlich jeden Tag drei Minuten!«

»Gut«, sage ich geduldig. »Wir zählen ganz einfach

die drei Minuten wieder dazu. Mittlerweile ist es infolgedessen sieben Uhr vierundzwanzig.«

»Aber die drei Minuten habe ich doch schon mit einkalkuliert. Ich habe den Wecker in Wirklichkeit elf Minuten vorgestellt, damit er acht Minuten vorgeht.«

Ich atme schnell und heftig. »Es ist jetzt also sieben Uhr einundzwanzig, wenn ich dich richtig verstanden habe!«

»Sei nicht böse«, bittet meine langjährige Gefährtin mit auffallend sanfter Stimme. »Leider bin ich nicht sicher, ob ich den Wecker auch gestern Abend vorgestellt habe.«

»Meine Güte«, stöhne ich in dumpfer Verzweiflung. »Wenn du das nur jeden zweiten Tag machst, dann muss die Uhr doch bereits Stunden vorgehen.«

»Nein«, sagt die Gefährtin meines Lebens triumphierend. »Um das zu verhindern, ziehe ich jeden Tag eine Zeitlang den Stecker heraus. Dann bleibt der Wecker stehen.«

»Und wie lange ziehst du jeweils den Stecker heraus?«

»Ach, das ist immer ganz verschieden. Je nachdem, wie ich gerade Zeit habe...«

Ich hole tief Luft und resigniere. »Stellen wir also das Radio an.«

»Ja«, jubelt die Gefährtin meines Lebens. »Das Radio. Du bist ein Schatz. Wieso sind wir nicht gleich darauf gekommen. Manchmal hast du wirklich fantastische Einfälle!«

Ich stelle das Radio an und warte. Im Bundestag, erklärt der Sprecher, sei man sich einig, dass in Sachen Konjunktur etwas getan werden müsse. Die Regierung wolle eine Spritze verpassen, wisse aber noch nicht wo. Die Opposition hingegen wolle bremsen, wisse aber noch nicht genau wie. Im übrigen werde man wahrscheinlich einen Kompromiss...

»Der Kaffee ist fertig!« ruft die tüchtige Gefährtin meines Lebens aus der Küche. »Wollen wir nicht endlich frühstücken? Was machst du denn die ganze Zeit?«

»Einen Moment!« rufe ich verärgert zurück »Diese Idioten sagen einfach nicht, wie spät es ist!«

Der balangesische Staatspräsident Jouchtu Kohuba, höre ich weiter, beabsichtigt, der Bundesrepublik einen offiziellen Besuch abzustatten. Mit einem Gegenbesuch unseres Staatsoberhauptes in absehbarer Zeit müsse unter Umständen gerechnet werden...

»Wie spät ist es denn nun?« fragt von der Tür her eine weibliche Stimme. Die Gefährtin meines Lebens steht im Mantel da, ist startbereit und starrt mich fassungslos an. »Das ist doch wohl der Gipfel!« schreit sie. »Ich wasche mich, putze meine Zähne, koche Kaffee, bereite das Frühstück, esse, wasche Geschirr ab, ziehe mich an und du – du stehst da immer noch im Nachtanzug herum.«

Ich bin ein ruhiger und besonnener Mensch, aber erlittene Ungerechtigkeit macht aus mir blitzschnell einen feuerspeienden Vulkan. »Verdammt noch mal!« schreie ich. »DU wolltest doch schließlich wissen, wie spät es ist. Deinetwegen habe ich mich hier hingestellt, und deinetwegen bin ich nicht dazu gekommen, mich anzuziehen!«

»Na und?« fragt die Gefährtin meines Lebens schnippisch. »Wie spät ist es denn?«

»Keine Ahnung.«

»Siehst du. Du hättest dich ebenso gut fertig machen können.«

Wütend schalte ich das Radio aus und gehe zum Telefon. »Beim nächsten Ton ist es sieben Uhr, zehn Minuten und achtzehn Sekunden.«

»Siehst du«, sage ich und drehe mich triumphierend zur Gefährtin meines Lebens um. »Zehn Minuten nach sieben. Jetzt ist es an der Zeit aufzustehen!«


## Der Spaziergang

»Wollen wir spazieren gehen?« fragt die langjährige Gefährtin meines Lebens.

»Oh ja!« freue ich mich. »Das wollte ich schon den ganzen Tag. Nur hattest du keine Lust, obwohl der Mensch frische Luft braucht. Einmal am Tag sollte er tief ein- und ausatmen, das bleiche Gesicht in den rauen Wind stecken, die lahmen Glieder ausschütteln, der Natur gefasst ins Auge blicken und...«

»In der einen Boutique in der Eppendorfer Landstraße habe ich ein wunderschönes Kleid gesehen«, unterbricht mich die Gefährtin meines Lebens. »Und auch sonst wären da noch ein paar Kleinigkeiten zu kaufen...«

»Ein Kleid?« frage ich entgeistert. »Hattest du nicht vorhin, als ich fragte, ob wir spazieren gehen wollten, fürchterliche Schmerzen im Knie?«

»Das stimmt. Aber jetzt sind die Schmerzen weg. Die Gelegenheit ist günstig.«

»Ich hingegen fühle mich gar nicht sehr wohl«, erkläre ich und greife stöhnend an meinen Kopf. »Lass uns den Spaziergang verschieben. Wir gehen in der nächsten Woche spazieren, wenn es uns beiden wieder besser geht.«

»Mir geht es sehr gut«, sagt meine langjährige Gefährtin kühl. »Außerdem brauche ich dringend ein Kleid. Ich habe nichts mehr anzuziehen.«

»Aha«, staune ich. »Hast du dir nicht gerade erst ein Kleid gekauft? Und mussten wir nicht kürzlich einen zweiten Kleiderschrank anschaffen, weil der Platz nicht mehr ausreichte?«

»In den Kleiderschränken hängen auch Sachen von dir. Das letzte Kleid habe ich mir vor drei Wochen gekauft. Außerdem war es ein Ausgehkleid. Und jetzt brauche ich ein Sommerkleid fürs Haus. Im übrigen kaufst du dir auch immer was.«

»Das ist doch wohl der Gipfel! Was, zum Beispiel, kaufe ich mir denn immer?« frage ich empört.

»Erst neulich etwas zum Anziehen!«

»Ja, Socken im Schlussverkauf.«

»Und andauernd Bücher!«

»Vor zwei Wochen ein beschädigtes Remittendenexemplar zum Sonderpreis von einem Euro.«

»Und dann immer der Alkohol!«

»Gestern eine Flasche Bier! Und kürzlich tranken wir gemeinsam eine Flasche Wein!«

»Komm doch mit. Du kannst dir dann auch was kaufen. Du brauchst dringend Papiertaschentücher!«

»Ich will mir aber nichts kaufen. Ich brauche nichts. Man muss auch verzichten können. Das einzige, was ich brauche, ist meine Ruhe.«

»Wie wäre es mit einem herrlichen weichen Hemd? Bügelfrei?«

»Glaubst du im Ernst, ich komme mit und sehe mir an, wie du unsere letzten Ersparnisse verprasst?«

»Ich kaufe dir eine CD! Mit esoterischer Musik. Oder mit Cembalo-Musik aus dem Barock.«

»Hmm – eine CD?«

»Ja. Zum Beispiel mit französischen Chansons. Ich wollte da schon immer eine ganz bestimmte CD kaufen...«

»Nun ist aber Schluss!« schreie ich empört. »Eben noch willst du mich zu einer völlig überflüssigen Geldausgabe verleiten, indem du mir eine CD versprichst, die ich mit Sicherheit bezahlen muss – und eine Sekunde später bestimmst du bereits, was für eine CD ich kaufen soll!«

»Wenn du mich lieb hättest, würdest du mir den Gefallen tun«, sagt die langjährige Gefährtin meines Lebens ungewohnt verträumt. »Aber du kannst dir ja auch eine CD kaufen.«

Wir gehen spazieren.

Wir kommen zurück.

Und packen aus: Eine Flasche Sekt, fünf CD, einen eigenartigen Maxi-Rock, einen Damen-Sommermantel, ein Kostüm, zwei Paar Damenschuhe, eine Tischdecke, einen Schlips, ein Paar Socken, Papiertaschentücher, sechs Zeitschriften, einen ungeschliffenen Halbedelstein aus Mexiko, einen kleinen preiswerten Teppich aus Samarkand, eine modische Stehlampe und einen elektrischen Tortenheber.

»Oh nein!« schreit in diesem Augenblick die langjährige Gefährtin meines Lebens. »Nun haben wir vergessen, mir das Sommerkleid zu kaufen!«

Mein Arzt sagte mir kürzlich, ich müsste mehr spazieren gehen, wenn ich meine Gesundheit erhalten wolle. Er irrt. Ich sollte mir jeden Spaziergang versagen. Einen Gang allerdings werde ich gleich morgen früh noch antreten: Zur Bank – und dort versuchen, einen Kleinkredit aufzunehmen.

## Gedankenübertragung

Da war doch kürzlich eine ganz tolle, nahezu unglaubliche Sendung im Fernsehen. In einem völlig isolierten Raum saß auf einem Sessel ein Mann, dem man die Augen zugebunden und sozusagen das Maul gestopft hatte. Er konnte aus diesen Gründen vorübergehend weder sehen noch ein einziges Wort sprechen – ein idealer Ehemann für alle Fälle.

Ein paar Gebäude weiter saß in einem zweiten, ebenfalls völlig isolierten Raum auf einem Stuhl eine reizende junge Dame, die keinerlei Kontakt zu dem isolierten Herrn hatte. Die beiden saßen also in getrennten Zimmern und in getrennten Gebäuden. Ihm war der Mund, ihr waren die Ohren verstopft. Umgekehrt wären es die Voraussetzungen für eine ideale Ehe gewesen.

Nun musste der Mann das Wort »Wald« denken und sich dabei mit all seiner Kraft auf die junge Dame ein paar Häuser weiter konzentrieren, eine Gedankenverbindung, die ihm in diesem Zusammenhang keinesfalls schwer fallen konnte: Die Dame gehörte zu jenen Geschöpfen, die zweifellos in der Lage sind, einem die Vorzüge der Natur in ihrer schlichten Pracht und Erhabenheit, in ihrer unermesslichen Größe und atemberaubenden Schönheit zu erläutern und nahe zu bringen.

Der Mann also durfte ganz offiziell »Wald« denken, und nach geraumer Zeit wurde die Dame gefragt, welche Gedanken ihr in den hübschen Sinn gekommen seien.

Sie hatte nun keineswegs etwa »Wald« gedacht, wie sicherlich mancher von uns Fernsehzuschauern angenommen hatte. Nein, das wäre zu plump gewesen, und unsereiner hätte natürlich sofort annehmen müssen, dass hier etwas faul sei.

Die junge Dame hatte vielmehr zunächst »Wiese« gedacht. Dann verfiel sie auf »Ostseestrand«, und schließlich wurde ihr klar, dass sie im Grunde genommen die ganze Zeit »Bäume« gedacht hatte.

Das war nun das Aufsehenerregende an diesem Experiment. Ohne im einzelnen auf die Gedanken des Mannes eingehen zu wollen: Er hatte »Wald« gedacht, und sie dachte daraufhin – völlig unabhängig! – »Bäume«. Kein Wald ohne Bäume – das weiß ein jeder von uns. Allein durch die Macht der Gedanken wurde hier eine Brücke von Mensch zu Mensch geschlagen. Von Mann zu Frau. Und umgekehrt. Wer hätte den menschlichen Gedanken heute noch eine derartige Kraft zugetraut!

Fasziniert beschloss ich, ein ähnliches Experiment zu machen.

Die langjährige Gefährtin meines Lebens war zu ihrer Mutter gefahren, und als nun das Wochenende nahte, fuhr ich hinterher. Die Entfernung betrug hundert Kilometer.

Von Anfang an konzentrierte ich meine Gedanken vollständig auf die Gefährtin meines Lebens. »Ich bin's« dachte ich intensiv. »Nils, dein Gatte. Ich komme. Jetzt fahre ich los. Ich denke ständig an dich!«

Nach dreißig Kilometern intensivierte ich meine Gedanken: »Ich komme immer näher! Ich komme immer näher! Bald ist es geschafft! Bald bin ich bei dir! Ich, dein Nils!«

Nach sechzig Kilometern war es mir gelungen, die Kraft meiner Gedanken in eine schlichte, aber dafür zweifellos umso wirksamere Formel zu kleiden: »Ich komme! Ich komme! Ich komme!« dachte ich und konzentrierte mich mit geballter gedanklicher Energie auf den Partner. »Ich komme! Ich komme!«

Es war kein leeres Versprechen. Ich kam tatsächlich und erreichte zunächst den Stadtrand. Offiziell wusste die Gefährtin meines Lebens von nichts, aber ich malte mir genüsslich aus, wie sie jetzt wohl schon voller Unruhe und dunkler Ahnung hin und her laufen würde. »Merkwürdig«, würde sie nachdenklich vor sich hinmurmeln, »ich habe so ein Gefühl, als wenn Nils jeden Augenblick vor der Tür stehen könnte.«

Während der Fahrt durch die Stadt verstärkte sich die Intensität meiner Gedanken derart, dass ich drei Kreuzungen bei Rot überfuhr und nur mit Mühe und Not zwei schweren Verkehrsunfällen entging. Mindestens ein Polizist schrieb sich die Nummer meines Wagens auf, wie ich im Rückspiegel feststellen konnte.

Dann hatte ich es geschafft. Ich stellte den Wagen vor dem Haus ab und ging um das Gebäude herum. Das Wohnzimmer lag nach hinten. Ständig vor mich hindenkend, dass ich jetzt da sei, schlich ich mich an die Fenster heran und sah gespannt ins Zimmer hinein.

Dort saß sie, die Gefährtin meines Lebens, die Stütze meines Alters. Sie saß am Tisch mit dem Gesicht zum Fenster, hatte ein Buch vor sich liegen und las.

Ich drückte meine Nase am Fenster platt und starrte mit hypnotischem Blick ins Zimmer hinein. Zwischen uns war nur noch die Glasscheibe. Die Entfernung betrug etwa neunzig Zentimeter. »Ich bin da!« dachte ich mit äußerster Konzentration. »Ich bin da! Ich, dein Nils!«

Dummerweise hatte ich die Sonne im Rücken, aber meine Gefährtin ließ sich selbst durch den Schatten, den mein Kopf auf ihr Buch warf, nicht aufschrecken. Eine gute Viertelstunde stand ich vor dem Fenster und dachte mit nie erlebter Intensität, dass ich da sei, womit ich zweifellos recht hatte. Als das nicht half, klopfte ich nachdrücklich mit der Faust gegen die Scheibe, so dass die klirrte und einen feinen Riss bekam.

Und nun geschah das Erstaunliche: Sofort blickte die Gefährtin meines Lebens hoch, erspähte mich, sprang auf, und schon verschönte ein feines Lächeln ihr Gesicht. Im Bruchteil einer Sekunde war es ihr klargeworden: Ich war da! Ich, Nils! Blitzartig war die geistige Verbindung hergestellt.

Es geht nichts über angewandte Gedankenübertragung. Man muss nur gelegentlich ein wenig nachhelfen.

## Die Mahlzeit des Strohwitwers

Es ist mir völlig unverständlich, dass es Leute geben soll, die Hausarbeit angeblich nicht anerkennen. Welch eine großartige Leistung vollbringt doch beispielsweise eine Frau, die neben ihrem Beruf Kartoffeln brät, ohne sie anbrennen zu lassen.

Zwar gibt es auch Männer, denen man nachsagt, sie ließen nichts anbrennen. Von mir hingegen behauptet man, ich könne nicht einmal Wasser kochen.

Das ist natürlich nicht wahr. Es stimmt, dass ich kein Wässerchen trüben kann. Aber sonst habe ich mit Wasser noch nie Ärger gehabt. Nur Bratkartoffeln – die sahen bei mir hinterher stets aus wie kleingehackte Holzkohle.

Als die langjährige Gefährtin meines Lebens mich vor Jahren einmal für einige Zeit verließ, um ihre Mutter zu besuchen, kaufte sie mir daher eine eigenartige Bratpfanne aus einem damals völlig neuen Material – man machte daraus, glaube ich, unter anderem die Hitzeschilde für Raumschiffe -, in der man beispielsweise ein Stück Fleisch stundenlang auf offener Flamme brutzeln lassen konnte, ohne dass es auch nur im geringsten Schaden nahm. Die hartnäckigsten Versuche, es anbrennen zu lassen, waren von vornherein zum Scheitern verurteilt. Keine Rauchwolken, keine Holzkohle mehr. Der Erfinder dieser Bratpfanne muss mich gekannt haben.

Natürlich vereinfachte diese Pfanne das Anrichten einer Mahlzeit erheblich. Kaum war die Gefährtin meines Lebens verschwunden, da machte ich mich notgedrungen daran, mir das Mittagessen selbst zu bereiten. Was dient dem Strohwitwer als Grundnahrungsmittel? Kartoffeln, Reis, Kartoffelmus?

Das alles ist zu schwierig. Aber toasten kann ich gut. Ich holte das Brot heraus und besichtigte den Kühlschrank: Würstchen und Eier sind bewährte und dankbare Zutaten. Dann entdeckte ich zu meinem Entzücken zwei Stückchen gebratener Leber, die mein teures Weib mir hinterlassen hatte. Das Wasser lief mir im Munde zusammen.

Ich holte die Würstchen aus der Dose, nahm ein Ei

aus dem Kühlschrank, legte zwei Stücke Brot in den Toaster, gab ein wenig Fett in die Wunderpfanne, warf Würstchen und Leberstücke hinterher. Dann holte ich schnell den Salzstreuer und gab eine kleine Prise Salz dazu.

Ich freute mich darüber, wie geschickt ich doch im Grunde war, und es überkam mich eine Art schöpferischen Schaffensrausches. Hier entstand ein Werk, zwar eine allzu vergängliche Mahlzeit nur, aber auch sie wird komponiert. Wie ein Gemälde im Grunde genommen. Oder wie eine kleine vierstimmige Fuge beispielsweise. Wo liegt da der Unterschied? Künstlerische Betätigung hier wie dort!

Die Dose mit den restlichen Würstchen stellte ich wieder in den Kühlschrank, spülte schnell einen schmutzigen Teller nebst Messer und Gabel ab, wendete Würstchen und Leber, schlug behutsam das Ei auf und ließ den Inhalt in die Weltraumpfanne laufen.

Schnell wischte ich nun die Eierschalen aus, und in diesem Moment wurde die Küche von einer gewaltigen Rauchwolke verfinstert.

Ich war vor Schreck wie gelähmt. Entgeistert starrte ich in die Pfanne, die nur noch schwach in ihren Umrissen zu erkennen war. Zorn und Empörung überschwemmten mich. Diese Pfanne war ein Bluff! Wertlos wie eine leere Weinflasche! Unnütz wie eine Sektflasche ohne Sekt, hinderlich wie ein Schuh ohne Schuhsohle! Eine Wunderpfanne ohne Wunder!

Die Luft in der Küche war inzwischen tiefschwarz geworden. Halb erstickt, röchelnd und gequält hustend beugte ich mich ganz dicht zur Pfanne hinunter. Merkwürdig: Leber, Würstchen und Ei brutzelten harmlos und ganz unverfänglich. Nichts war verkohlt. Und dennoch kämpfte ich inzwischen mit schweren Erstickungsanfällen.

In diesem Moment durchzuckte es mich wie ein Blitz: Das Toastbrot! Das hatte ich vollständig vergessen!

Ich hielt die klebrigen Eierschalen noch in der Hand. Ich tastete mich, nur von meinem Instinkt geleitet, zum Wasserhahn hin, spülte mir, während mein Körper von explosiven Hustenanfällen hin- und hergeschüttelt wurde, blitzschnell die Hände ab. Wo war denn das Handtuch? Und wo der Knopf für den Toaster?

Ich tastete mich vor, schrie schrill auf, weil ich in den glühenden Toaster gegriffen hatte, fasste den Stecker und riss ihn – nur der unbändige Wille zu überleben hielt mich überhaupt noch aufrecht – heraus, griff in Richtung Fensterscheibe, sie klirrte und zerbrach – Luft!

Langsam zogen die Rauchschwaden ab. Ich war nur mäßig schwer verletzt.

Zwei kleine verkohlte Scheibchen fielen mir aus dem Toaster entgegen, schwarz wie die Nacht bei Neumond.

Nein, wenn jemand die Leistung gebührend zu würdigen weiß, die eine Frau neben ihrem Beruf stumm und ohne zu klagen Tag für Tag vollbringt, dann bin ich es!

## Edler Teutone trifft Spanierin

»Edler Teutone, du!« flüsterte mir die Walküre voller Bewunderung zu und schmiegte sich derart an mich, dass es an vorsätzliche schwere Körperverletzung grenzte. »Du bist der einzige Mann in diesem Saal, den ich noch nicht geküsst habe!«

Ich dankte ihr für diese Auszeichnung, doch sie sagte, sie wolle mich lieber auf andere Weise auszeichnen. »Du bist so groß, so herrlich stark und so leuchtend blond, ganz anders als alle anderen Männer!« Dabei sah sie mich mit einem eigenartig verhangenen Blick an.

Das hatte mir noch niemand gesagt. Ich dachte einen Augenblick kurz nach und musste ihr schließlich recht geben. »Allerdings haben Sie vergessen«, fügte ich hinzu, »dass ich außerdem noch intelligent, gerecht und gebildet bin!«

Die Walküre blickte mich verzückt an. »Das macht doch nichts, Liebling!« flötete sie. »Aber bitte – sag doch ´du´ zu mir!«

»Du!« sagte ich.

»Was ist denn? Mir kannst du alles sagen! Was ist?« jubelte die Walküre und zerquetschte sämtliche Luftmoleküle zwischen uns.

»Nichts!« erwiderte ich gequält und betastete meine Rippen. »Ich sollte doch ´du´ sagen!«

»Och, du bist ja ein ganz Schlimmer!« sagte die Walküre. »Fühl mal, wie mein Herz klopft!«

Da ich jedoch beschlossen hatte, der langjährigen Gefährtin meines Lebens, die zu Hause den Schlaf der Kinder überwachte, treu zu bleiben, trat ich der Walküre kräftig auf den Fuß »Oh, pardon!« sagte ich.

»Mein Liebling!« rief daraufhin die Walküre zu Tränen gerührt. »Du bist heute so leidenschaftlich!«

»Wenn du mich wirklich liebst«, sagte ich zu ihr, »dann stellst du sofort den mickrigen Piraten dort drüben zur Rede. Der sieht mich mit seinem einen Auge schon die ganze Zeit so böse an!«

»Oh!« schrie da die Walküre zornig und fiel wie ein Orkan über den ahnungslosen Piraten her.

Einige Tische weiter flirtete eine zierliche Spanierin mit aufreizend kurzem Röckchen mit einem völlig geschmacklos aufgemachten St. Pauli-Schläger. Als ich mir das von nahem ansehen wollte, stolperte ich über eine junge Griechin, die in ihren wallenden Gewändern auf dem Fußboden lag. »Ich bin Leda ohne Schwan!« sagte sie verträumt.

»Ach was!« schimpfte daraufhin ein Cowboy, der sich gerade um sie bemühte. »Du bist bloß zu betrunken, um auf dem Stuhl zu sitzen! Komm jetzt endlich mal hoch!«

Unterdessen hatte ich die Spanierin aus den Augen verloren. Auf der Suche nach ihr entfernte ich zunächst eine Zigeunerin von meiner Brust. »Ungeküsst sollst du nicht schlafen gehen!« sagte sie, doch ich meinte, erstens sei das viel hygienischer, zum anderen hätte ich mir nicht die Zähne geputzt und schließlich sei es hier ohnehin viel zu laut, um in Ruhe schlafen zu können.

Dann kroch ich, um schneller vorwärts zu kommen, unter einigen Tischen hindurch und duellierte mich anschließend mit einem Gangster. Er sagte immer »päng!« und ich sollte dann jedes Mal tot umfallen. Nach dem sechsten Mal erklärte ich ihm, ich sei Sherlock Holmes in einer seiner zahlreichen Verkleidungen und trüge außerdem eine kugelsichere Weste. Da floh der Gangster mit einem leisen Aufschrei, und im gleichen Moment sah ich die Spanierin wieder.

Ein verkommenes, schmächtiges Bürschlein, das offenbar gern einen Teufel darstellen wollte, hatte sie an sich gepresst und küsste sie hemmungslos. Glücklicherweise war der Gesichtsschleier der Dame dabei nicht unerheblich im Wege. Dennoch empfand ich das als eine glatte Unverschämtheit, denn schließlich sind derartige Veranstaltungen nicht dazu da, dass sittlich verrohte Jünglinge sich an unschuldigen kleinen Mädchen vergreifen.

Wütend stürzte ich daher auf den Teufel zu. Da aber schoben sich einige äußerst karierte Typen dazwischen, und einen Moment später sah ich die verhexte Spanierin in den Armen eines Seemannes, der so tat, als könne er Walzer tanzen. Ich pirschte mich vorsichtig an die beiden heran, tippte dem Seemann auf die Schulter und sagte ihm, er sei ein dufter Kumpel, er möge sich doch mal umdrehen, da vorn sei ein Gespräch für ihn, und ich würde ihm die Dame solange warm halten.

Das war jedoch gar nicht so einfach, da die Dame sich mit einem spitzen Schrei umgedreht hatte und im Menschengewühl zu entkommen suchte. Ich hatte sie aber schnell eingeholt und verschleppte sie in eine finstere Ecke, damit wir von dem Licht nicht so stark geblendet wurden.

»Du süße Spanierin, du!« flüsterte ich dem Mädchen voller Bewunderung zu und versuchte den Schleier vor ihrem Gesicht ein wenig zu lüften. »Du bist so ganz anders als alle anderen Frauen in diesem Saal...«

»Da hast du recht!« erklärte das Persönchen mit nicht unscharfer Stimme, stieß mir die Faust in den Magen und stemmte drohend die Hände in die Hüfte.

Daran erkannte ich sie wieder. Mit zitternden Knien stand ich da, bis mir einfiel, dass der Angriff angeblich die beste Verteidigung ist.

»Nun hört ja alles auf!« schimpfte ich los. »Das nennst du also auf die Kinder aufpassen! Diese armen, schutzlosen Wesen – nichtsahnend liegen sie in ihren kleinen Bettchen, und ihre Rabenmutter treibt sich derweilen mit fremdem Männerpack in schamloser Weise herum und hintergeht –»

»Ein Wort noch!« sagte die Rabenmutter und fuchtelte mit ihrer kleinen Faust vor meiner großen Nase herum. »Dies hier nennst du also Chorprobe, du Lüstling! Von jetzt an wird nur noch bei mir zu Hause geprobt!«

Erst auf dem Nachhauseweg kamen mir plötzlich Zweifel: Hatte sie gewusst, wo ich war? Oder hatten wir uns gegenseitig ertappt?

## Der Hahn und die Hühner

Bei den Hühnern war das ja schon immer ganz anders als bei den Menschen. Ein Hahn hat, sozusagen, eine Menge Partnerinnen gleichzeitig, mit denen er klar kommen muss. Bei uns Menschen ist das so, dass man schon mit nur einem Partner sehr oft ganz schön überfordert ist.

Wie das nun bei den Hühnern funktioniert, sah ich erst kürzlich, als ich für einige Tage auf dem Lande war. Ich sah aus dem oberen Fenster eines Hauses heraus auf eine sehr große Wiese, auf der gut und gern einige Dutzend Kühe ihr Auskommen gehabt hätten. Stattdessen gab es dort aber nur Hühner. Eine ganze, wie nennt man das: Herde? Horde? Rotte? Ein Rudel? Schwarm? Eine Schar? Als Städter kennt man das ja gar nicht mehr so, nachdem man die Hähnchen in den Supermärkten nur noch einzeln kauft. Oder gegrillt als halbe Hähnchen.

Hier nun waren die Tiere noch ganz. Es bewegten sich infolgedessen acht Hühner und ein ganzer Hahn unter meinem Fenster vorwärts, und das in einem beachtlichen Tempo, als habe man sie gerade freigelassen.

Diese Hühner bewegten sich in Form eines lockeren Ovals - oder wie man heute fit- und wellnessbewusst sagen würde: in Form eines Tennisschlägers ohne Griff - vorwärts, liefen innerhalb dieser Gruppierung ständig durcheinander und pickten zwischendurch, offensichtlich mit Erfolg, auf dem Grasland herum, ohne ihr Tempo zu verringern. Den Schluss bildete der farbenprächtige Hahn. Bei den Hühnern ist das ja noch so, dass die Männchen hübscher und imposanter sind. Und ich muss ganz offen und neidlos gestehen: Dieser Hahn hatte seine Hühner fest im Griff. Er hielt sie alle zusammen, die Formation blieb trotz des behänden Vorwärtsstrebens geschlossen, und die Hühner hatten dennoch zwischendurch ständig Gelegenheit zu fressen.

Ich muss ehrlich zugeben: Als ich das so sah, da kam in mir ein Gefühl der Bewunderung hoch. Bei den Hühnern klappt das also. Und der Hahn war einfach ein fantastischer Typ, selbstbewusst und sicher trieb er seine Frauen vor sich her, und es störte ihn offenbar überhaupt nicht, dass er davon acht Stück hatte.

Überwältigt von diesem Erlebnis schaute ich bewundernd weiterhin aus dem Fenster, um mir dieses jedenfalls für mich einzigartige Schauspiel nicht entgehen zu lassen. Aber dann, ich hätte vielleicht doch schon eher wegsehen sollen:

Die Hühner rannten unbeirrt weiter, wie es sich gehörte in Tennisschlägerformation ohne Griff. Aber der Hahn? Der Hahn fand sich plötzlich viele, viele Meter hinter seinen Hennen zurück auf der Wiese, ohne dass sich auch nur ein Huhn um ihn gekümmert hätte. Sein Fehler war vielleicht, dass er versucht hatte zu krähen. Das hätte er nicht tun sollen. Plötzlich waren seine Hühner weg. Er war ganz allein auf der großen weiten Welt.

Und alles funktionierte ohne ihn mindestens ebenso gut wie vorher.

Das schien den Hahn zu irritieren. Er rieb sich - natürlich im übertragenen Sinn - erstaunt die Augen und schien kaum glauben zu wollen, was ihm da widerfahren war. Dann - ein kurzer Augenblick der Besinnung - ging ein Ruck durch den Hahn. Er nahm - wieder in übertragenem Sinn - die Füße, nein, bei Hühnern sagt man ja Krallen, unter den Arm und raste flügelflatternd voller Verzweiflung hinter seinen Hühnern her. Und auch das war das Gute an diesem Hahn: Er schaffte es und hatte sie bald wieder eingeholt. Schon war die Welt wieder in Ordnung: Die ganze Formation rannte geschlossen über das Gelände. Die Hühner vorn, der Hahn hinten: er hatte, wie schon anfangs erwähnt, seine acht Hühner voll im Griff - ganz, wie sich das gehörte.

Ich muss wirklich sagen - das ist es, was ich an diesen Tieren so schätze: Hier hat noch alles seine Ordnung!

## Die Mutter von Harald M. Lauterbach

»Kennst du eigentlich die Mutter von Harald M. Lauterbach?« fragte die langjährige Gefährtin meines Lebens.

Ich dachte einen Augenblick nach. »Nein!« sagte ich dann wahrheitsgemäß. »Woher sollte ich sie wohl kennen?«

»Keine Ahnung. Ich dachte, du kennst sie!«

»Nein!« sagte ich. »Ich kann mich nicht an sie erin-

nern. Meinst du vielleicht die alte Dame mit den rotge-
färbten Haaren von gegenüber?«

»Nein!« sagte die Gefährtin. »Das ist ja Frau Meier-
brinck, die Oma vom kleinen Jonathan! Die meine ich
nicht!«

»Wen meinst du dann?«

»Harald M. Lauterbachs Mutter!«

»Das sagtest du bereits. Ich wollte nur wissen, was für
eine Frau seine Mutter denn eigentlich ist!«

»Ich weiß es leider auch nicht. Wenn ich es wüsste,
hätte ich dich nicht gefragt!«

»Merkwürdig!« sagte ich. »Es gibt Leute, die glaubt
man zu kennen, aber man kann sich mit bestem Willen
nicht an sie erinnern. Ich bin jetzt fast sicher, dass ich
seine Mutter schon einmal gesehen habe. Für einen kurzen Augenblick tauchen die Menschen auf im Brenn-
punkt unseres Bewusstseins, man sieht sie auf der Straße,
in der U-Bahn, auf einem Empfang. Man wird ihnen
kurz vorgestellt und schon versinken sie wieder in den
Tiefen des menschlichen Unterbewusstsein – sag mal«
fiel mir ganz plötzlich ein, »wer ist denn überhaupt Harald M. Lauterbach?«

»Harald M. Lauterbach?«

»Harald M. Lauterbach!«

»Ich kenne keinen Harald M. Lauterbach!«

»Aber erlaube mal – du hast doch nach seiner Mutter
gefragt!«

»Ja, weil ich seine Mutter nicht kenne. Deshalb habe

ich gefragt, ob du sie vielleicht kennst. Aber du kennst sie ja anscheinend auch nicht!«

»Nein! Ich kenne seine Mutter nicht. Und ich kenne ihren Sohn nicht. Aber du musst ihn doch kennen!«

»Weshalb muss ich ihn kennen? Nur, weil ich seine Mutter nicht kenne, muss ich doch nicht ihren Sohn kennen. Ich kenne viele Mütter nicht, deren Söhne ich nicht kenne!«

»Aber schließlich redest du doch die ganze Zeit von Harald M. Lauterbach. Du hast doch damit angefangen!«

»Ich rede überhaupt nicht die ganze Zeit von Harald M. Lauterbach. Ich rede die ganze Zeit von Harald M. Lauterbachs Mutter!«

»Ja, aber seine Mutter kennst du auch nicht!«

»Eben! Deswegen habe ich dich nach ihr gefragt. Im übrigen gibt es viele Menschen, die man nicht kennt. Du kennst sie nicht. Sie kennen dich nicht! Daraus kannst du mir keinen Vorwurf machen! Man muss sich damit abfinden. Warum regst du dich eigentlich so auf?«

»Ich rege mich gar nicht auf! Ich will nur wissen, wer Harald M. Lauterbach ist! Ist das denn zu viel verlangt? Vielleicht ist er ein Jugendfreund von dir, der plötzlich wieder aufgetaucht ist. Vielleicht wollte er dich ja mal heiraten!«

»Er hätte sich gewiss glücklich schätzen können, wenn er mich geheiratet hätte«, entgegnete die Gefährtin meines Lebens schnippisch. »Aber leider hat es nicht geklappt. Es konnte nicht klappen, weil wir uns gar nicht kannten. Und das ist für die meisten Menschen ein Hinderungsgrund für eine Heirat. Schade eigentlich! Sicherlich hätte er dir gegenüber eine ganze Reihe von Vorzügen gehabt!«

Ich schnappte nach Luft. »Das möchte ich aber doch sehr bezweifeln. Im übrigen – wenn du ihn gar nicht kennst, woher weißt du denn, dass er eine Mutter hat! Das setzt doch einiges voraus!«

»Jeder Mensch hat eine Mutter. Weshalb soll ausgerechnet Harald M. Lauterbach keine Mutter haben?«

»Sag mal«, fühlte ich nun ganz vorsichtig vor. »Wenn du weder seine Mutter noch ihn kennst, wenn du über ihn gar nichts weißt, bist du denn sicher, dass es einen Menschen namens Harald M. Lauterbach überhaupt gibt?«

»Nein!« sagte meine Gefährtin seelenruhig.

Ich rang nach Luft. »Wenn es ihn selbst also gar nicht gibt, dann kann es seine Mutter auch nicht geben, weil ein Mann, den es nicht gibt, keine Mutter haben kann!«

»Da hast du völlig recht!«

»Ja, sag mal – weshalb fragst du denn nach einer Frau, die es gar nicht gibt!« Ich schrie fast.

»Es hätte ja sein können«, sagte meine Gefährtin verträumt, »dass sie sehr nett ist!«

Meiner Kehle entrang sich ein fassungsloses Röcheln. »Pass mal auf!«, sagte ich schwer atmend. »Wir wollen doch mal ganz vernünftig miteinander reden. Von Mensch zu Mensch gewissermaßen. Auch wenn du eine Frau bist und ich ein Mann bin. Erzähl´ mir jetzt bitte mal in aller Ruhe, wie du denn überhaupt auf den Namen Harald M. Lauterbach gekommen bist. Du kannst mir ruhig alles sagen!«

»Ganz einfach«, sagte meine Gefährtin gelassen. »Ich habe ihn mir gerade eben ausgedacht. Und weil der Name so hübsch klang, dachte ich, es wäre doch ganz nett, auch seine Mutter zu kennen!«

In diesem Augenblick klingelte es. Eine ältere Dame stand vor der Tür. »Guten Tag!« sagte sie. »Ich bin Frau Lauterbach. Können Sie mir vielleicht sagen, ob mein Sohn in letzter Zeit hier in diesem Haus gewohnt hat?«

# VI. Kapitel:
## Die Zukunft ist nicht mehr aufzuhalten

## *Mit der Post ab in die Zukunft*

Unsere Post hat schon seit langem unter Beweis gestellt, dass sie zu den zukunftsorientierten Unternehmen gehört. Es war auch sofort klar: Wenn man in die roten Zahlen gerät, muss man etwas dagegen tun. Und die Post hat etwas dagegen getan: So hat sie zum Beispiel die Zahl der Filialen drastisch reduziert. Und damit hat sie zusätzlich zum gesamtwirtschaftlichen Aufschwung beigetragen. Denn weniger Filialen bedeuten weitere Wege für die Postkunden. Das wiederum bedeutet einen Aufschwung für den Öffentlichen Nahverkehr, für die Fahrradindustrie, aber auch für den Schuhkonsum. Auf Millionen umgerechnet, kommt da schon eine Menge zusammen.

Vor allem aber hat die Autoindustrie davon profitiert, denn weitere Wege zum nächsten Postamt bedeuten einen erhöhten Verschleiß aller anfälligen Autoteile wie Motor, Reifen, Bremsen. Und auch der Benzinkonsum ist dadurch natürlich angestiegen. Man kann nur hoffen, dass die Wirtschaft dieses vorbildhafte und verantwortungsbewusste Verhalten der Post auch zu würdigen weiß.

Aber das war noch nicht alles, was die Post auf ihrem langen Marsch in die Zukunft geleistet hat. Sie hat auch die Zahl der Briefkästen drastisch reduziert. Und auch hier muss man neben dem verständlichen Spareffekt für die Post die weiteren positiven Auswirkungen für die Allgemeinheit sehen: Die Postkunden haben längere Wege, sie müssen mehr laufen und werden dadurch beweglicher – ein wichtiger Faktor zur Hebung des Volksgesundheitsniveaus. Auch kommen sie mehr an die frische Luft, und vor allem wird ihr Orientierungssinn trainiert: Früher war der Briefkasten »gleich um die Ecke«. Jetzt müssen sie suchen, neue Wege finden, das gesamte Bewusstsein verändert sich dadurch – wozu das auch immer gut sein mag.

Aber dennoch hat man das unbestimmte Gefühl, dass damit bei weitem noch nicht alle Rationalisierungsmöglichkeiten der Post erschöpft sind. Man weiß, dass unsere Post für Anregungen vor allem dieser Art immer aufgeschlossen ist. Deshalb einmal ein kleiner Blick nach vorn in die allernächste Zukunft. Anlass ist Johnny Miller, ein Gast aus den USA, dem »Land der unbegrenzten Möglichkeiten«, wie sich immer wieder herausstellt, der einmal das »alte Europa« kennen lernen möchte:

»Bin gleich wieder da!« ruft Johnny Miller und rast zur Tür hinaus. »Mal sehen, ob Post im Kasten ist!«

»He!« rufe ich ihm nach. »Warte! Was soll der Unfug! Wir haben doch schon lange keine Hausbriefkästen mehr!«

»Wieso?« fragt Johnny Miller erstaunt und kehrt zögernd zurück. »Legt man die Briefe neuerdings vor die Haustür?«

»Junge!« sage ich nachsichtig. »Nun sei mal vernünftig. Es geht bei uns ganz einfach um den Fortschritt, der nicht mehr aufzuhalten ist. Wir müssen rationalisieren!

Sieh mal, was ist denn wohl billiger für unsere Post –
Briefe austragen oder keine Briefe austragen?«

»Keine Briefe austragen!« sagt Johnny ohne zu zögern.

»Sehr richtig!« lobe ich ihn und lehne mich zufrieden
in meinen Sessel zurück.

»Die Post trägt also keine Briefe mehr aus?« fragt
Johnny.

»Nein!« sage ich. »Sie trägt überhaupt nichts mehr
aus. Man hat nämlich festgestellt, dass das Austragen
nur mit Unkosten verbunden ist. Es lohnt sich nicht!«

»Und was ist mit den Beamten, die nun keine Post
mehr austeilen?« fragt Johnny weiter.

»Die können endlich mit Verwaltungsarbeiten be-
traut werden!« erkläre ich ihm.

»Dann gibt es also bei euch keine Briefe mehr?« fragt
Johnny mit weitaufgerissenen Augen.

»Aber natürlich!« besänftige ich ihn. »Durch Arbeits-
zeitverkürzung haben wir nun so viel Freizeit, dass wir
unsere Post selbst abholen können. Vom Hauptpostamt.
Mit dem Taxi dauert es hin und zurück allerhöchstens
vierzig Minuten!«

»Leb wohl!« ruft Johnny mit leicht verbittertem Un-
terton in der Stimme und stürzt zur Tür.

»He!« rufe ich hastig. »Was hast du denn nun schon
wieder vor?«

»Ich will zur Hauptpost!« ruft Johnny. »Mal sehen,
ob Post für mich da ist!«

»Aber das geht doch nicht!« sage ich vorwurfsvoll. »Heute ist Dienstag!«

»Na und?« fragt Johnny gereizt zurück.

»Die Post kann immer nur freitags abgeholt werden!« sage ich sanft.

»Dammed!« sagt Johnny. »Dann hole ich mir meine Briefe eben am Freitag ab!«

»Einen Moment!« sage ich. »So einfach ist das nun auch wieder nicht. Du darfst die Post nicht persönlich abholen. Dafür haben wir nämlich unseren Vepoma!«

»Euren was?« fragt Johnny leicht irritiert.

Allmählich tut er mir leid. Es ist immer hart für rückständige Völker, wenn sie so unvermittelt mit dem avantgardistischen Ideengut einer vorwärtsstrebenden Nation konfrontiert werden.

»Hör mal gut zu!« beschwöre ich Johnny. »Es liegt doch klar auf der Hand. Wenn den ganzen Tag über Leute kommen, die sich Post abholen wollen, so ist das unrationell. Das Postamt muss den ganzen Tag geöffnet sein, es müssen Beamte da sein, die aufpassen, wenn die Leute sich ihre Post heraussuchen, Türen und Fußböden werden abgenutzt, Raumpflegerinnen müssen engagiert werden, kurz und gut – es wird einfach zu teuer, wenn jeder einzelne sich seine Post selbst abholt. Daher hat die Post weiter rationalisiert. Sie hat aus den Kreisen der Zivilbevölkerung die ʹVepomasʹ, die ehrenamtlichen ʹVertrauenspostmännerʹ, ernannt. Jeder Vepoma hat etwa tausend Bundesbürger postalisch zu betreuen, indem er die Briefe für diese Leute jeden Freitag vom Hauptpostamt abholt!«

»Meinetwegen!« sagt Johnny resigniert. »Dann warte ich eben, bis der Ve-po-ma am Freitag die Post bringt!«

»Aber Johnny!« sage ich streng. »Du hast noch nicht die richtige Einstellung zu unserem Postwesen. Der Vepoma hat Frau und Kinder zu versorgen. Er muss arbeiten. Er kann die Post nicht selbst bringen!«

»Schon gut!« sagt Johnny mit sterbender Stimme. »Dann hole ich mir die Post eben vom Vepoma ab!«

»Du musst nicht immer nur an dich denken, Johnny!« rufe ich vorwurfsvoll. »Der Vepoma hat schließlich ein Anrecht auf ein glückliches Familienleben. Es geht nicht an, dass jeden Freitag tausend Menschen in seine Wohnung kommen und deshalb wird jede Woche ausgelost. Der Gewinner darf sich seinen Brief abholen!«

»Aber wenn der Brief mal wirklich wichtig ist?« fragt Johnny ungläubig.

»Auch da hat unsere Post vorgesorgt!« sage ich stolz. »In besonders dringenden Fällen kann man sich die Post persönlich vom Absender abholen!«

## Büros auf der Suche

Ecke Rosenbrook und Deelböge sah ich im Vorbeifahren direkt an der Kreuzung ein riesiges Schild vor einer großen freien Fläche. Auf diesem Schild stand: »Hier werden Büros gebaut, die in Hamburg ihresgleichen suchen«.

Das überraschte mich und stimmte mich nachdenklich. Ich habe es schon immer bewundert, wenn Menschen in einem extrem knappen Text gleich mehrere wichtige Informationen übermitteln. Und genau dies war hier der Fall.

Ganz klar und eindeutig war die erste Aussage: Diese Büros gab es noch gar nicht. Dann die zweite Erkenntnis: Aber es würde sie eines Tages geben, denn diese Büros sollten gebaut werden. Noch war also nichts passiert! Ob sie nun tatsächlich gebaut würden, war im Grunde genommen offen. Aber auf jeden Fall war es beabsichtigt.

Und dann wurde mir drittens sehr schnell klar, dass dies keine gewöhnlichen Büros sein würden – wenn sie denn gebaut würden. Früher war das ja so, dass unsereiner sein Büro selbst suchen musste, wenn er denn eines brauchte: Man entwickelte gewisse Vorstellungen hinsichtlich der erforderlichen Größe, erhoffte Wachstumsphasen eingerechnet, hinsichtlich der Ausstattung – elektrisches Licht, Heizung, fließendes Wasser und WC waren angesagt –, und auch die Lage sollte dem Verwendungszweck des Büros entsprechend angemessen sein. Schließlich sollte das ganze auch noch finanziert werden können. Wenn das nun alles stimmte, dann wurde der Mietvertrag unterschrieben, man zog ein, und die Arbeit konnte beginnen.

Bei diesen Büros der Zukunft aber, sollten sie denn

erst gebaut sein, läuft ganz offensichtlich vieles anders. Sicherlich – man kann sie mieten, wie man auch früher Büros gemietet hat. Aber zusätzlich bieten diese Büros noch einen Service der ganz besonderen Art. Man muss nicht gleich unterschreiben, sondern hier wird ein kaufmännisch ungewöhnlich faires Angebot ins Spiel gebracht: Diese Büros der Zukunft werden offenbar mit den Wünschen des potentiellen Mieters programmiert, und dann machen sie sich auf den Weg und suchen nach alternativen Angeboten: Büros auf der Suche!

Früher musste man das alles selbst machen – was für eine Zeitverschwendung! Heute kann man die kostbare Zeit für ganz andere Dinge nutzen. Das allein ist, meine ich, schon ein unglaublicher Fortschritt. Aber der Fortschritt ist ja noch viel fortschrittlicher, als unsereiner das zunächst sieht. Denn diese Büros der Zukunft sind regional programmiert. Sie suchen alternative Angebote nicht etwa in Frankfurt, Berlin oder München. Auch nicht in Florida oder in China, unserem Handelspartner mit einem enormen Wachstumspotential. Nein, die Büros der Zukunft scheiden von sich aus alle Angebote aus, die außerhalb Hamburgs liegen. Es ist völlig klar: der künftige Mieter will kein Büro in Valparaiso oder in Mexiko City – nein, Hamburg muss es sein, das war von Anfang die Bedingung.

Und dann kommt die letzte beeindruckende Information: wenn das neu errichtete Büro sich auf die Suche macht nach alternativen Angeboten, dann bietet es nicht etwa irgendein viertklassiges baufälliges Hinterhofbüro an, nein, diese Büros suchen fairer Weise zwar in Hamburg nach Alternativen, aber nicht nur das: sie suchen in Hamburg ausschließlich ihresgleichen!

Das heißt, dass auch die alternativen Büros in einem qualitativ sehr hochwertigen Bereich angesiedelt sein müssen. Fließendes Wasser, Strom, Heizung und WC reichen da schon längst nicht mehr. Sie müssen einer Nutzerschicht mit allerhöchsten Ansprüchen genügen, mit einem zukunftsorientierten Knowhow, wie wir Deutschen sagen, mit Soft- und Hardware vom feinsten, mit einem technologischen Rüstzeug auf dem letzten Stand der wissenschaftlichen Forschung, wo der Sylter Rote Grütze-Tee über ein besonderes Software-Programm aufgebrüht und über den PC in den Rachenraum befördert wird. Jawohl, das sind die Büros der Zukunft!

Sie werden gesucht von eben diesen Büros am Rosenbrook, die zwar noch nicht gebaut sind, aber auf jeden Fall gebaut werden sollen. Für all diese Büros werden Mieter gesucht, die uns mindestens bis ans Ende unseres gerade begonnenen Jahrhunderts führen – wenn nicht überhaupt bis ans Ende.

Ich muss ganz ehrlich sagen: Ich jedenfalls bin froh, dass diese Büros sicherlich in Kürze gebaut werden. Denn dann brauchen wir uns um unsere Zukunft wirklich keine Sorgen mehr zu machen!

## Auf der Stelle laufen

Bei uns in der Nachbarschaft hat jetzt ein riesiges Fitness-Center eröffnet. Schon daran erkennt man, dass es mit uns aufwärts geht. Früher waren es allenfalls Fitness-Studios, die eröffneten. Ein Fitness-Center dagegen erschließt eine völlig neue Dimension. Über drei Etagen verteilt sind Hunderte, vielleicht sogar über tausend verschiedenste Geräte aufgestellt, meist zusammengefasst in Blöcken von beispielsweise acht der gleichen Art nebeneinander und zehn hintereinander.

Wir alle wissen, wie wichtig es ist, gerade heutzutage fit zu sein. Deshalb kommt diesen Fitness-Centern auch eine ganz besondere Bedeutung zu. Was mich betrifft, so hindert mich lediglich eine angeborene Scheu, diese Gebäude zu betreten. Es gibt eben nicht nur Hemmschwellen, Böses, sondern auch Gutes zu tun.

Aber immerhin – daran vorbeizufahren, kann nicht schaden. Und auch das ist schon faszinierend. Vom Wagen aus kann ich direkt ins Erdgeschoss hinein auf eine Gruppe von etwa 80 gleichen geheimnisvollen dunklen Geräten blicken. Auf einigen dieser Geräte sieht man Menschen sowohl weiblichen als auch männlichen Geschlechts. Und diese Menschen laufen!

Nun haben wir ja im Laufe der menschlichen Entwicklung gelernt, wie wichtig es ist zu laufen. Man läuft, um vorwärts zu kommen. Wenn man langsamer läuft, kommt man langsamer vorwärts. Wenn man schnell läuft, kommt man schneller vorwärts.

Leute wie ich, die vom Charakter her eher zurückhaltend sind, haben nicht den Ehrgeiz, schnell vorwärts zu kommen. Deshalb laufen sie eben langsamer. Wenn überhaupt.

Ich selbst laufe aus dem Grunde nicht, weil es mir zu riskant ist. Ich habe von Leuten gehört, die beim Laufen tot umgefallen sind. Außerdem besteht die Gefahr, dass man sich den Knöchel verstaucht oder die Wirbelsäule unverantwortlich belastet. Die Kniegelenke sind ebenfalls erheblich gefährdet. Davon abgesehen ist das Laufen auch sonst ganz schön anstrengend. Irgendwie gerät dabei der ganze Organismus aus den Fugen. Man fängt an zu japsen, die Lunge schmerzt, man beginnt zu schwitzen, man quält sich richtig. Und der gequälte Körper fragt verzweifelt: »Warum tust du mir das an? Ich habe dir doch gar nichts getan! Außerdem wird mir schwindelig. Und jetzt wird mir sogar schlecht!«

Dies vom eigenen Körper zu hören, bedeutet natürlich eine zusätzliche Belastung, zumal, wenn man so sensibel ist wie ich.

Ich kann mich noch deutlich erinnern, wie ich über eine längere Strecke von etwa hundert Metern aus dem Gehen heraus plötzlich in ein verhaltenes Dauerlauftempo überging. Den Grund kenne ich nicht mehr genau, aber es kann sein, dass ich einfach feststellen wollte, ob ich die attraktive Dame vor mir eventuell kenne. Es endete sehr schnell damit, dass mir ganz plötzlich schwarz vor Augen wurde, obwohl die Dame doch blond war.

Das war mein bislang letzter Laufversuch, den ich selbstverständlich sofort abgebrochen habe. Schließlich hat man ja Verantwortung gegenüber seiner Familie. Und auch sonst. Überleben ist eben alles.

Das war früher anders. Da musste man laufen, um zu überleben. Ich denke da nur an den Neandertaler. Oder an seine erfolgreiche Konkurrenzentwicklung, den Cro Magnon-Menschen. Die Leute damals waren bekanntlich Jäger, auch wenn sie keine Gewehre hatten. Aber diese Menschen mussten einfach laufen, wenn sie überleben wollten. Entweder liefen die Tiere weg, die sie als Nahrung brauchten und da konnten sie nicht warten, bis die vielleicht eines Tages mal zurückkamen. Also mussten sie hinterherlaufen, und zwar ganz schnell.

Ein anderes Beispiel: Unsere Vorfahren hatten plötzlich ein Mammut, ein Wollnashorn oder einen Säbelzahntiger auf den Fersen. Ging es vorher darum, möglichst schnell hinterherzulaufen, so ging es jetzt darum, so schnell wie möglich wegzulaufen. Wobei man für unsere Vorfahren Verständnis haben muss. Ganz gleich, ob sie nun hinterher- oder wegliefen: Ihnen blieb gar nichts anderes übrig. Man kannte damals weder Bus noch U-Bahn, kein Fahrrad und erst recht kein Auto – die Leute waren einfach gezwungen, alles zu Fuß zu erledigen.

Gut – das ist inzwischen Zehntausende von Jahren her, länger, als die meisten von uns sich erinnern können. Und wann sieht man heute noch ein Wollnashorn oder gar einen Säbelzahntiger auf unseren Straßen?

Heute sieht alles ganz anders aus. Heute ist es eher

lebensnotwendig, nicht zu laufen. Zum Beispiel an der Kreuzung: Es wäre lebensgefährlich und unverantwortlich, plötzlich bei Rot über die Kreuzung zu laufen. Nein, man muss warten, bis die Ampel auf Grün geschaltet hat. Und auch dann sollte man – ehe man wildfremde Menschen anrempelt – lieber gemessenen Schrittes über die Straße gehen. Soweit die Dauer der Grünphase das zulässt.

Also grundsätzlich gilt: Laufen ja – aber muss es sofort sein? So gesehen sind diese neuen Fitness-Center Symbol für den Fortschritt in der Menschheitsgeschichte. Zehntausende, ja Hunderttausende von Jahren ging es für uns Menschen darum, sofort so schnell wie möglich zu laufen. Und ganz gleich in welche Richtung – man lief, um vorwärts zu kommen. Alles andere ergab sich dann.

Und das ist nun das eigentlich Sensationelle an diesen Fitness-Centern. Einmal ermöglichen sie das, was unsere Vorfahren nie gekannt haben: die demokratische Entscheidung! Früher zwangen die Umstände dem Urmenschen das Tempo auf. Heute kann jeder, der auf diese eigenartigen Geräte steigt, sein Tempo selbst bestimmen: Wer will, kann verhalten laufen, wenn er es denn gern möchte. Man kann aber auch ganz einfach gehen. Und man kann wie gehetzt lossprinten, als sei man von einem Säbelzahntiger verfolgt. Das Gute daran ist: Man wird garantiert von keinem Säbelzahntiger verfolgt. Das würde gegen die Geschäftsbedingungen verstoßen. Und zweitens können Sie so schnell oder so langsam laufen, wie Sie wollen: Sie kommen garantiert nicht vorwärts. Ob Sie nun laufen oder stehen, Sie bleiben, unabhängig vom Tempo, immer auf derselben Stelle!

Und hier muss man die eigentliche Chance für die Menschheit sehen, das ganze hat einen psychologischen Hintergrund: Bisher stört es die Betroffenen in den meisten Fällen noch nicht, dass sie trotz aller Bemühungen nicht vorwärts kommen. Aber wenn man noch so schnell laufen kann und trotzdem nicht vorwärts kommt, dann wird auf lange Sicht selbst der verbissenste Sportfreund zu der Einsicht kommen: Was soll das eigentlich? Wenn ich doch nicht vorwärts komme, kann ich doch gleich stehen bleiben!

Und hier stehen wir vor der entscheidenden Erkenntnis, die geeignet ist, das Überleben der Menschheit mit abzusichern: Wenn man auf das Laufen verzichtet, dann spart man – wir alle wissen es – Energie. Und wenn man sich nun klar macht, dass weltweit rund fünf Milliarden Menschen auf diese Weise Energie sparen könnten, so wird jedem klar, dass hier ein bisher unerkanntes, aber unermesslich großes Energiesparpotential auf Nutzung wartet! Auf einen einfachen Nenner gebracht: Wer nicht läuft, trägt dazu bei, das Überleben der Menschheit zu sichern.

Ich danke Ihnen für Ihre Aufmerksamkeit!

## Die Zentrale Warteschlange

Die wenigsten von uns erinnern sich noch an die Sache mit Adam und Eva. Damals spielte eine Schlange eine ganz zentrale Rolle: Wenn es die Schlange nicht gegeben hätte, hätten wir heute weder Fernseher noch PC, weder Autos, noch Flugzeuge und Raumfähren, weder Telefon, noch Handys oder Internet.

Gut, wir wissen, dass es auch heute noch Schlangen gibt: Kreuzottern und Ringelnattern, Klapperschlangen, Kobras und Sandvipern beispielsweise. Und es gibt noch unzählige Schlangen mehr, die wir aber noch nie gesehen haben. Gibt es sie wirklich?

Man kann stundenlang durch die Straßen gehen und man sieht keine einzige Kreuzotter, von Klapperschlangen ganz zu schweigen. Ich selbst bin weder auf den wichtigsten Plätzen unserer Stadt, noch an Bus-Haltestellen oder auf U-Bahn-Stationen auch nur auf ein einziges Exemplar von ihnen gestoßen.

Sind die Schlangen ausgestorben? Gibt es sie bloß noch im Fernsehen? Gut, man weiß, dass man weibliche Wesen gelegentlich als »Brillenschlange«, oder einige ihrer Art generell – ihrer gespaltenen Zunge wegen – als »Schlangen« bezeichnet. Aber damit tut man den richtigen Schlangen Unrecht. Denn sie können ja gar nichts dafür.

Nein, Tatsache ist: Es gibt Schlangen! Und das sogar in den Großstädten. Es ist eine Entwicklung der neueren Zeit, und diese Schlangen gehören zur Gattung der »Allgemeinen Warteschlange«. Man trifft die Warteschlangen eigentlich überall, und ich persönlich bin der Meinung, sie sind unangenehmer als jede Kreuzotter oder Klapperschlange.

Wir alle kennen die Situation: Da haben zum Beispiel in einem Supermarkt drei Kassen, oder in einer der noch verbliebenen Postfilialen zwei bis drei Schalter geöffnet. Vor jeder Kasse, vor jedem Schalter steht je eine Warteschlange. Nun kommt man selbst hinzu – ich zum Beispiel. Durch langjährige schlechte Erfahrungen gewarnt, stelle ich mich aber keineswegs blindlings an eine beliebige Warteschlange an. Worauf ich schon seit langem nicht mehr hereinfalle, ist, dass ich mich an die mit Abstand kürzeste Schlange anstelle. Denn es ist offenbar ein Naturgesetz, dass man an der kürzesten Schlange am längsten warten muss.

Ich weiß nicht, warum das so ist – aber es ist einfach so, und die Praxis hat es immer wieder bestätigt. An den anderen Kassen stehen bis zu zehn Menschen, an der einen nur vier. Verlockend! Aber es ist eine Falle! Wer sich dort anschließt, erlebt mit Sicherheit folgendes: Zwei Kunden sind noch vor ihm, und da zuckt die Dame an der Kasse plötzlich zusammen. »Tut mir leid«, sagt sie, »die Kassenbon-Rolle ist gerade zuende!« Jetzt geht es nur noch darum, eine neue Rolle einzulegen. Die muss man erst mal heraus holen. Sie ist in einem verschlossenen Fach untergebracht. Jetzt fehlt nur noch der Schlüssel. Vorhin war er noch da. Aber wo ist er jetzt? Es folgt – während an den anderen Warte-

schlangen ein Kunde nach dem anderen an Ihnen vor-
beizieht – eine heftige Diskussion. Als Nummer 20 in
der Nachbar-Schlange wären Sie schon längst abgefertigt. Als Nummer drei an der kürzesten Schlange warten
Sie immer noch.

Ich erspare Ihnen die weiteren Ereignisse in der kürzesten Schlange. Auf jeden Fall war selbst mir innerhalb
von nur wenigen Jahren klargeworden, dass die Länge
einer Warteschlange nichts über die Länge der Warte-
zeit aussagt. Es müssen beim Anstellen an eine Warteschlange in Blitzesschnelle eine ganze Reihe von anderen
Faktoren berücksichtigt werden. Zum Beispiel, wenn in
einer Warteschlange mehrere Kunden mit überquellen-
den Einkaufswagen stehen, in der nächsten Schlange
aber mindestens sieben Kunden mit allenfalls drei, oder
vier Artikeln im Wagen – sehen Sie, das ist ein ganz
wichtiger Gesichtspunkt. Wenn in einer der Warteschla-
gen fünf Menschen stehen, die einen Stapel Pakete mit
den Füßen vor sich herschieben, während in einer zweiten Schlange Kunden stehen, die so aussehen, als würden sie nur eine Briefmarke kaufen – das müssen Sie
blitzschnell in Ihre Entscheidungsfindung einfließen lassen!

Aber auch das alles reicht noch nicht aus: Sie müssen das Problem zusätzlich unter psychologischen Gesichtspunkten betrachten: Was für Menschen sind es,
die in den anderen Warteschlangen stehen? Sie müssen
das Alter derjenigen einkalkulieren und den Gesichtsausdruck, sind auch jüngere dabei? Wenn ja, welche

Schulbildung mögen die Eltern haben? Sind die Älteren überwiegend freundlich? Oder blicken Sie missmutig? Haben sie einen oder zwei Hunde dabei? Oder etwa einen Goldhamster?

Es gilt auch zu berücksichtigen: ein langsamer 52jähriger kann wesentlich umständlicher sein als eine schnelle 82jährige! Und wie sind diejenigen gekleidet? Es kann eine wichtige Rolle spielen, wenn jemand Markenjeans, der andere aber einen dunklen Anzug mit Schlips trägt! Ist die Frau blond oder dunkelhaarig? Hat sie eine ungepflegte Frisur oder trägt sie ganz offensichtlich eine Perücke?

Dies alles muss in Sekundenschnelle registriert und umgesetzt werden, denn eine Warteschlange ist kein Dornröschen-Schloss – in jeder Sekunde können wieder neue Kunden hereinkommen, sich anstellen und damit die Situation schlagartig verändern.

Deshalb galt in der Vergangenheit: Jede einzelne Schlange blitzschnell analysieren, dann in Bruchteilen von Sekunden zu einer Entscheidung finden und diese unverzüglich umsetzen.

Dann allerdings geschah immer etwas, was ich zunächst nicht begriff. Ich konnte mich nach einer exakten Analyse sämtlicher Warteschlangen anstellen, wo ich wollte: in meiner Warteschlange passierte völlig überraschend und unerwartet immer etwas, was mich garantiert auf den letzten Platz zurückwarf. Es nützte überhaupt nichts, dass ich all meine Lebenserfahrung, meine faszinierende Beobachtungsgabe, meinen beim jahrelangen Lösen von Kreuzworträtseln geschulten Intellekt und meine immer wieder übersprudelnde Kombinationsgabe mit ins Spiel brachte: Ich landete todsicher in jener Schlange, bei der etwas Unvorhergesehenes passierte – jedenfalls, nachdem ich mich angestellt hatte.

Entweder hatte jemand seinen Ausweis vergessen, der aber Voraussetzung für eine zügige Abwicklung war. Oder jemand hatte einen Euro zu wenig – einen Euro nur: Das reichte, um ausgerechnet bei meiner Schlange den gesamten Betrieb lahm zu legen. Oder eine Schalterbeamtin fühlte sich plötzlich unwohl und musste ihren Arbeitsplatz verlassen. Jetzt war der gesamte Betrieb betroffen, aber meine Schlange litt am nachhaltigsten. Oder aber es kam – natürlich in meiner Schlange, nachdem nur noch zwei vor mir waren – zu einem heftigen Streit zwischen der Schalterbeamtin und einer Postkundin, worauf in aller Ausführlichkeit diskutiert wurde, ob es rechtlich möglich sei, dieser Postkundin Hausverbot zu erteilen. Inzwischen wurden an den anderen Schaltern Berge von Post mühelos abgefertigt. In einem ähnlichen Fall waren an den Supermarktkassen Kundinnen mit Einkaufswagen für eine zehnköpfige Familie, die nach mir gekommen waren, weit vor mir fertig. Ich wunderte mich, bis mir eines Tages klar wurde: Es gibt auch hier ein Naturgesetz und das lautet: »Nils Perick kann machen, was er will, er landet automatisch auf dem letzten Platz!«

Diese Erkenntnis war kein Trost für mich. Jahrelang litt ich zunehmend unter diesem sehr persönlichen Naturgesetz. Man spricht den Schlangen einen »hypnoti-schen Blick« zu. Nun habe ich noch nie einer Kreuzot-ter ins Auge gesehen. Aber bei den Warteschlangen war mehr als nur der Blick hypnotisch: Schon der Anblick verunsicherte und lähmte mich, mir wurde regelrecht schlecht. Und es brachte überhaupt nichts, wenn ich mir eindringlich sagte: »Nils, stell dich nicht so an!« Wo sollte ich mich denn sonst anstellen? Es war auch völlig zwecklos zu versuchen, eine Warteschlange zu boykot-tieren. Ich benötigte etwas und ich musste mich anstel-len. Mit einem Boykott hätte ich mir selbst geschadet. Außerdem schließt man sich automatisch von weiten Teilen des öffentlichen Lebens und der menschlichen Gesellschaft aus: kein öffentliches Leben ohne Warte-schlange – so einfach ist das!

Als ich nun, zermürbt durch jahrelangen Stress mit Warteschlangen, in einen Zustand tiefster Lethargie zu versinken drohte, als ich mich schon aufgegeben hatte, da geschah etwas, was ich bis auf den heutigen Tag nicht so recht fassen kann: Ohne Rücksicht auf Charles Dar-win und seine Gesetze erblickte von einem Tag zum an-deren eine völlig neue Schlangenart das Licht der Welt. »Geburtshelferin« sozusagen war unsere Post, denn sie war es, die ganz unvermittelt und ohne Vorankündi-gung der »Zentralen Warteschlange« ins Leben verhalf. Ich weiß immer noch nicht, ob diese sensationelle Ent-wicklung inzwischen auf ganz Deutschland ausgedehnt ist. Dort jedenfalls, wo ich ab und zu meine Briefmar-ken zu kaufen versuche, weil ich mit dem Briefmarkenautomaten nicht klarkomme, da gibt es sie. Die Post umschreibt dieses Wunder mit wenigen nüchternen Worten. Es heißt ganz einfach: »Bitte reihen Sie sich am Ende der Zentralen Warteschlange ein!«

Wenige Worte nur, aber diese Worte haben mit einem Schlag mein Leben zum Guten verändert und mir wieder neuen Mut und neue Kraft gegeben. Ich weiß nicht, ob unsere Post sich dessen bewusst ist: Aber hier hat sie etwas geschaffen, was sich nur mit den ganz großen Erfindungen in der Menschheitsgeschichte vergleichen lässt; Ich meine die Domestizierung des Feuers, die Entwicklung von Pfeil und Bogen und des Rades, sowie die Erfindung von Fernseher, Handy und Toaster.

Ich will nur kurz darzustellen versuchen, was die »Zentrale Warteschlange« für die Menschheit bedeutet. Es ist überhaupt kein Vergleich etwa mit der »Allgemeinen Warteschlange«, die jetzt zum Aussterben verurteilt sein dürfte, ohne dass ein einziger Tierschützer sich noch dafür stark machen wird.

Die »Zentrale Warteschlange« als Nachfolgerin funktioniert so einfach wie das Ei des Kolumbus. Es gibt seitdem keine zwei, drei oder vier Schlangen mehr vor zwei, drei oder vier Postschaltern, sondern nur noch eine einzige Schlange. Am Beginn der »Zentralen Warteschlange« ist ein dicker schwarzer Balken auf den Boden gemalt – das ist sozusagen ihr Kopf: Wer hier steht, ist der erste Kandidat für den berühmten Post-Service. Hier darf er warten und dann – es ist nicht zu fassen, so einfach ist es: Sowie einer der drei Schalter frei wird, geht er sofort dorthin. Der nächste rückt nach und nimmt den nächsten freien Schalter.

Was das bedeutet? Es ist das schnellstmögliche Verfahren, das man sich denken kann! Es gibt keine konkurrierenden Schlangen mehr, keine falschen oder richtigen Analysen, keine hasserfüllten Blicke zwischen den Gliedern der einzelnen Schlangen. Hier heißt es seitdem: gleiche Chancen für alle, keine Benachteiligung mehr im Zeichen von irgendwelchen Naturgesetzen! Auch das Pericksche Naturgesetz ist damit ausgehebelt: Der erste freie Schalter ist frei für den nächsten Kunden! Die Zeiten sind vorbei, als man von einem einzigen Schalter abhängig war! Wenn es bei einem Schalter nicht klappt, nimmt man den nächsten. Geht da etwas schief, schreitet man fröhlich zum dritten: bei der »Zentralen Warteschlange« steht man immer in der ersten Reihe!

Eine neue Form von Lebensqualität ist über uns hereingebrochen. Die »Zentrale Warteschlange« garantiert gerechte, zügige und konfliktfreie Abwicklung. Selbst auf die zwischenmenschlichen Beziehungen wirkt sich das positiv aus. Man geht wieder freundlicher miteinander um, denn man weiß: Niemand wird hier bevorzugt, niemand vom Schicksal benachteiligt. Jeder hat die gleichen Chancen, ganz gleich, welchen Alters und welchen Geschlechts, ob mit oder ohne Hund. Man spricht wieder miteinander, denn man gehört nicht verschiedenen konkurrierenden Schlangen, sondern einer einzigen

Schlange an. Man macht einander darauf aufmerksam: »Sie sind dran, der Schalter da ist frei!«

Die Leute mögen sich wieder. Und auch sonst darf man die gesellschaftliche Komponente nicht übersehen. Ob es nun draußen regnet oder schneit - wenn man Sehnsucht hat nach einem Treffpunkt mit anderen Menschen: Außer sonntags hat man bei unserer Post jeden Tag in der Woche Gelegenheit, auf viele andere aufgeschlossene Mitmenschen zu stoßen, man muss sie nur ansprechen. Und das ganze ist sogar kostenfrei – versuchen Sie es einfach mal: Sie können sich ohne jeden finanziellen Einsatz bei der Zentralen Warteschlange anstellen, ohne etwas von der Post zu wollen! Sie müssen nur rechtzeitig ausscheren, bevor Sie an einem der freien Schalter landen. Sie können sich dann sofort wieder, rein aus Spaß an der Sache, hinten anstellen. Und damit machen Sie Ihren Mitmenschen sogar eine Freude, denn die haben natürlich den Eindruck, Sie verzichten freiwillig auf Ihren Anspruch, und somit geht scheinbar alles noch schneller!

Wie sich unsere Post – von Briefmarken einmal abgesehen – kaum noch mit Kleinigkeiten abgibt, so hat sie hier was ganz Großes geschaffen: Ein kleiner Schritt zwar nur für die Post. Aber ein großer Schritt für die Menschheit!